ASCHENDORFFS SAMMLUNG
LATEINISCHER UND GRIECHISCHER
KLASSIKER

PLINIUS DER JÜNGERE
BRIEFE

Bearbeitet und
kommentiert von
URSULA BLANK-SANGMEISTER

Text

VERLAG ASCHENDORFF
MÜNSTER

Umschlagbild:
Bildnis eines jungen Mannes
Fresko

Druckhaus Aschendorff, Münster, 2000

ISBN 3-402-02161-7

Inhaltsbericht

Vorwort

Die vorliegende Plinius-Schulausgabe ist eine völlige Neubearbeitung. Gegenüber der früheren Aschendorff-Ausgabe von G. Scheda ist zum einen die Textauswahl etwas verändert. Ich habe, um den unterschiedlichen Interessen gerecht zu werden, auf eine möglichst große inhaltliche Vielfalt geachtet und Briefe ausgewählt, die als private, literarische und historische Dokumente auch heute noch lesenswert sein können. Zum anderen werden die Briefe jetzt unter acht Großthemen eingruppiert, die manchmal in weitere Unterthemen gegliedert sind (dass einige Briefe auch anders zugeordnet werden könnten, versteht sich von selbst). So kann die Ausgabe als Autorenlektüre und ebenso bei der thematischen Oberstufenlektüre eingesetzt werden. Die *epistulae* eignen sich aber auch für die erste Begegnung mit originalen Texten: da sie im Allgemeinen kurz, inhaltlich geschlossen und sprachlich durchgeformt sind, bieten sie den Lernenden die Möglichkeit, mit den Techniken der Texterschließung und Interpretation vertraut zu werden und die Texte über ihre kommunikative und dokumentarische Funktion hinaus als literarische Kunstprodukte zu begreifen.

Grundlage des lateinischen Textes ist die Edition von R. A. B. Mynors [C. Plini Caecili Secundi epistularum libri decem. Oxford (Oxford University Press) 1990], wobei die Orthographie und Zeichensetzung an die deutschen Gepflogenheiten angepasst sind.

Neu hinzugekommen ist eine Konkordanz, welche die Oxford- und die Aschendorff-Ausgabe gegenüberstellt. Sie soll einen raschen Überblick über die aufgenommenen Briefe und das Auffinden von Textstellen ermöglichen.

Die Bibliographie ist deutlich erweitert, ohne dass allzu schwer zugängliche Literatur aufgenommen wäre. Sofern die Titel der Bücher und Aufsätze keinen Aufschluss über die behandelten Briefe geben, sind die Textstellen, auf die schwerpunktmäßig Bezug genommen wird, hinzugefügt.

Kassel, im Juni 1999 Ursula Blank-Sangmeister

Leben und Werk des Jüngeren Plinius

Das Leben des Jüngeren Plinius

Sowohl die Familie des Vaters, die Caecilii, als auch die der Mutter, die Plinii, gehörten als vermögende Grundbesitzer zur Aristokratie der oberitalischen Stadt Novum Comum (heute Como). Hier wurde C. Caecilius, wie unser Autor ursprünglich hieß, im Jahre 61 oder 62 n. Chr. geboren.

In seiner Heimat erhielt er zunächst die übliche Ausbildung beim *grammaticus*. Der Unterricht in Grammatik, Rhetorik und Dialektik und die Interpretation der griechischen und lateinischen Klassiker vermittelte die Allgemeinbildung, die für einen jungen Mann, der Anwalt und Staatsmann werden wollte, nötig war.

Nach dem frühen Tod des Vaters wurde Caecilius von C. Plinius Secundus, dem Bruder seiner Mutter, adoptiert. Nach seiner Adoption lautete sein vollständiger Name dann C. Plinius Caecilius Secundus. Um ihn von seinem Onkel zu unterscheiden, bezeichnen wir ihn auch als den Jüngeren Plinius.

Plinius' Onkel, der Ältere Plinius, lebte als anerkannter Autor wissenschaftlicher und historischer Werke (vgl. Brief 50) in Rom. Er bekleidete mehrere staatliche Ämter und war mit den Kaisern Vespasian und Titus eng befreundet. Nach seinem Tod im Jahre 79 n. Chr. wird er seinem Neffen ein großes Vermögen vererben und diesem ein finanziell unabhängiges Leben ermöglichen. Doch vorerst sorgte er dafür, dass der junge Plinius sein Studium in der Hauptstadt fortsetzte, und verschaffte ihm die besten Lehrer: den Rhetoriker Nicetes Sacerdos und M. Fabius Quintilianus (ca. 35–100), den Inhaber des ersten staatlich besoldeten Lehrstuhls für Rhetorik. Für Quintilian war M. Tullius Cicero (106–43 v. Chr.) stilistisch das entscheidende Vorbild und auch der Jüngere Plinius wird sich stets an Cicero messen.

Im Jahre 79/80, also schon mit 19 Jahren, trat Plinius zum ersten Mal als Anwalt auf (vgl. Brief 39). Wenig später wurde er als *decemvir stlitibus iudicandis* Mitglied eines Richterkollegiums, das sich mit der Schlichtung ziviler Rechtsstreitigkeiten befasste. Die Prozesstätigkeit wird fortan einen großen Teil seines Lebens beanspruchen.

Die politische Karriere begann unter dem Kaiser Domitian (reg. 81–96): 81 oder 82[1] diente Plinius als Militärtribun in Syrien, wo er auch die stoischen Philosophen Euphrates (vgl. Brief 99) und Artemidor (vgl. Brief 107) kennen lernte. Im Jahre 89 oder 90 wurde Plinius zum *quaestor Caesaris* ernannt. In dieser Funktion hatte er als persönlicher Referent des Kaisers die Verbindung zwischen dem Princeps und dem Senat zu gewährleisten. Das Amt des Quästors – damit begann der *cursus honorum*, die höhere Ämterlaufbahn – brachte ihm einen Sitz im Senat ein. Als erstes Mitglied seiner Familie, die dem Ritterstand angehörte, stieg Plinius damit in den Rang eines Senators auf. Etwa 92 wurde er Volkstribun und vermutlich schon ein Jahr später Prätor. Beide Funktionen waren in der Kaiserzeit politisch relativ bedeutungslos, bildeten aber die Voraussetzung für die Aufnahme in den begehrten kaiserlichen Dienst. In die Zeit von Plinius' Prätur fielen der Prozess gegen Baebius Massa, in dem Plinius zusammen mit Herennius Senecio die Anklage vertrat (vgl. Brief 47), und die Vertreibung der Philosophen durch Domitian (vgl. Brief 107), d. h. die Ausschaltung der intellektuellen Opposition.

Auf die Prätur hätte nun eigentlich das Konsulat folgen müssen, doch Plinius bekleidete zunächst ein Amt in der Finanzverwaltung. Als *praefectus aerarii militaris* war er mit der Altersversorgung der Veteranen betraut.

---

1 Nach Ansicht mancher Forscher auch erst 83. Überhaupt ist die Datierung der Ämter – mit Ausnahme des Konsulats und der Statthalterschaft – umstritten; vgl. Kasten, S. 663; Aubrion, S. 306 ff.

Obwohl er dem Kaiser viel zu verdanken hatte, empfand er doch, wie viele andere Römer auch, den gewaltsamen Tod des tyrannischen Domitian (96) als große Befreiung. Außerdem bewahrte ihn der Tod des *princeps* vor einer drohenden Anklage und Verurteilung (vgl. Brief 118).

Unter dem Kaiser Nerva und zu Beginn der Regierung Trajans unterstand Plinius als *praefectus aerarii Saturni* die im Saturntempel untergebrachte Staatskasse.

Im Jahre 100 erreichte er dann als *consul suffectus* endlich das Konsulat. Zwar war auch dies nur ein Ehrenamt (seit Augustus war die Amtszeit der Konsuln ständig verkürzt worden; im Jahre 100 gab es z. B. sechs Konsulpaare), stellte aber dennoch den Höhepunkt jeder politischen Karriere dar.

103 wurde Plinius zum Augur ernannt (vgl. Brief 62). Etwa in dieser Zeit heiratete er Calpurnia (vgl. Briefe 9–13). Sein Wunsch nach Kindern blieb zu seinem Bedauern auch in dieser (dritten) Ehe unerfüllt.

In den folgenden Jahren leitete er als *curator alvei Tiberis et riparum et cloacarum urbis* die Verwaltung des „Wasserbauamts".

Frühestens 109, vielleicht aber auch erst 112 wurde er vom Kaiser Trajan als *legatus pro praetore consulari potestate*, als außerordentlicher Statthalter mit konsularischen Machtbefugnissen, nach Bithynien-Pontus geschickt: er sollte dort den verschiedenen finanziellen und politischen Missständen Abhilfe schaffen.

Vermutlich ist Plinius während seiner Amtszeit in jener kleinasiatischen Provinz im Jahre 112 oder 113 gestorben.

Das Werk des Jüngeren Plinius

Nach eigenen Angaben hat sich Plinius in sehr vielen literarischen Gattungen versucht. In Brief 40 erzählt er z. B. von einer (griechischen) Tragödie und von poetischen Werken (Elegien, heroischen Versen und *hendecasyllabi*). Doch die Ausflüge in die

Dichtkunst betrachtete er mehr als Spielerei und Zeitvertreib und so sind auch nur wenige dieser Verse überliefert.

Plinius' Hauptinteresse galt seinen juristischen und staatspolitischen Reden. Sie sollten ihm die literarische Anerkennung bringen und einen Platz in der Nachwelt sichern. Wie wir den Briefen entnehmen können, hat der Autor – zu recht verschiedenen Anlässen – immer wieder Reden gehalten. Diese Reden hat er nachträglich sorgfältig überarbeitet, Freunden zur Durchsicht zugeschickt und/oder einem Auditorium vorgetragen, um sich die Kritik seiner Briefpartner und Zuhörer nutzbar zu machen. Erst nach erneuter Überarbeitung hat er seine Texte auch publiziert (vgl. Briefe 36 f.). Von diesem für Plinius so wichtigen Teil der literarischen Produktion ist – mit Ausnahme des *Panegyricus* – nichts auf die Nachwelt gekommen.

Der *Panegyricus* ist eine Lob- und Dankesrede auf den Kaiser Trajan, die Plinius anlässlich seiner Ernennung zum Konsul im Jahre 100 vor dem Senat gehalten hat (vgl. Brief 37). In dieser Rede – sie steht in der Tradition der „Fürstenspiegel" – rühmt er die positiven Eigenschaften und die politischen und administrativen Verdienste des Kaisers und zeichnet ihn – auf dem Hintergrund des Tyrannen Domitian – als den idealen Herrscher.

Neben dem *Panegyricus* verdankt Plinius seinen Nachruhm jedoch vor allem den Briefen, die er, die Korrepondenz mit Trajan ausgenommen, selbst herausgegeben hat. Mit ihnen wollte er „eine dokumentarische Autobiographie in der Nachfolge Ciceros"[1] verfassen. Bei der Veröffentlichung seiner *epistulae* hat er sich im Übrigen nicht an die Chronologie gehalten, sondern hat seine Briefe nach dem Variationsprinzip angeordnet. Die ersten neun Bücher aus den Jahren 96/97–108/109 enthalten insgesamt 247 Briefe an verschiedene Adressaten, die, mit Plinius verwandt oder befreundet, dessen persönliche, literarische, politische und kulturelle Interessen teilen. Der berühmteste Briefpartner ist, abgesehen vom Kaiser Trajan (Buch 10), gewiss P. Cor-

1 Weische, S. 384

nelius Tacitus, der bedeutendste römische Historiker (etwa 55–120) (vgl. Briefe 31, 35, 46 ff., 116 f.). Auch andere berühmte Literaten wie C. Suetonius Tranquillus (vgl. Brief 93) und der Epigrammatiker Martial (vgl. Brief 45) gehörten zu Plinius' Freundeskreis. Insgesamt gesehen ist der Adressatenkreis durchaus gemischt. Nur sehr wenige Briefpartner rechnen zur politischen Prominenz; auffällig zahlreich sind hingegen Personen, die wie Plinius dem Ritterstand angehören und ebenfalls aus dem heimatlichen Oberitalien stammen.

Die thematische Vielfalt dieser Briefe veranschaulicht das private und öffentliche Leben der begüterten Oberschicht. Die Sammlung ist eine wertvolle historische Quelle für die flavisch-trajanische Gesellschaft. Von besonderer Bedeutung sind hier die Briefe 95 und 96 über die Behandlung der Christen. Daneben geben uns die Briefe einen Einblick in in die Denk- und Vorstellungswelt des Briefschreibers. Über keinen anderen römischen Autor, mit Ausnahme Ciceros, sind wir so gut informiert wie über Plinius. Plinius erzählt von seinen Tätigkeiten und Erlebnissen, seinen Problemen und Freuden und lässt durchaus auch manche Schwächen erkennen. Insgesamt porträtiert er sich als einen dem Ideal der *humanitas* verpflichteten Mann, der davon träumt, „Mitteilenswertes zu tun oder Lesenswertes zu schreiben": *facere scribenda aut scribere legenda* (Brief 116, § 3). Aufgrund seiner menschlichen Qualitäten, seines tätigen Einsatzes für Staat, Gesellschaft und Freunde und insbesondere aufgrund seiner wissenschaftlich-literarischen Leistungen möchte er das erreichen, was in der antiken Wertehierarchie von herausragender Bedeutung ist: Ruhm und Unsterblichkeit.

Im – vermutlich posthum erschienenen – Buch 10 des Briefcorpus ist die Korrespondenz zwischen Plinius und dem Kaiser Trajan nachzulesen. Ab Brief 10.15 schreibt Plinius aus der kleinasiatischen Provinz Bithynien-Pontus: er präsentiert sich hier als überaus gewissenhafter Statthalter, der sich jedoch des Öfteren scheut, Entscheidungen zu treffen und daher zunächst den Kaiser um Rat fragt. Die Antworten Trajans sind knapp und klar und zeigen Wohlwollen für den Fragesteller, scheuen aber auch vor sanfter Kritik nicht zurück.

Der Brief als literarische Gattung

1. Allgemein

Der Brief als Mittel der Kommunikation hat zwei Aufgaben: er soll Abwesende über Dinge, die für mitteilenswert gehalten werden, informieren und dient, als privates Schreiben, darüber hinaus – besonders wenn man nichts Besonderes zu schreiben hat – der Pflege des zwischenmenschlichen Kontakts. Er ist gleichsam ein „halbiertes Gespräch". Diese Gesprächssituation zeigt sich im so genannten Präskript: *C. Plinius Tacito suo s.* (= *salutem dicit*). Angegeben werden der Absender und der Empfänger. Außerdem enthält der Brieftext Anredeformen und einen abschließenden Gruß (z. B. *vale*).

Der amtliche Brief weist ähnliche Merkmale auf, wobei jedoch das Präskript förmlicher gestaltet ist: z. B. schreibt Plinius nur *C. Plinius Traiano imperatori*, während sich der Kaiser mit *Traianus Plinio* begnügt. Auch fehlt in den offiziellen Schreiben die Grußformel am Briefende.

Zu den empfohlenen formalen Merkmalen eines Briefes[1] gehören Kürze, Klarheit und eine angemessene Sprache. Als angemessen gilt die gebildete Umgangssprache ohne lange Perioden und entlegene Wörter; Ziel ist „unaufdringliche Eleganz"[2]. Empfehlenswert sind außerdem eingestreute Sprichwörter, Sentenzen, Scherze und Zitate. Anders als in der Kunstprosa sind – nach Ciceros Vorbild – auch griechische Wörter erlaubt.

---

1 Vgl. Cicero, Epistulae ad Quintum fratrem/Briefe an den Bruder Quintus. Übers. und hrsg. von U. Blank-Sangmeister. Stuttgart 1993 (RUB 7095), S. 252 (Zur Gattung „Brief")

2 Schmidt, Sp. 325

Für den Inhalt privater Briefe gibt es natürlich keine Vorschriften. Alles, was für den Schreiber und den Empfänger von Belang ist, darf zur Sprache kommen.

Neben dem echten Brief gibt es auch den so genannten Kunstbrief. Zu nennen sind hier z. B. Senecas *Epistulae morales*, moralphilosophische Essays, die in Briefform gekleidet sind. Und auch die poetischen, d. h. im Versmaß verfassten Briefe eines Horaz (*Epistulae)* oder Ovid (*Tristia; Epistulae ex Ponto; Heroides*) erfreuten sich großer Beliebtheit.

2. Plinius

In seinen Briefen hält sich Plinius an die oben genannten formalen Regeln. Er schreibt knapp, elegant und pointiert. Wenn ein Brief ein gewisse Länge überschreitet, fühlt er sich manchmal verpflichtet, sich deswegen zu entschuldigen oder zu rechtfertigen (vgl. Brief 41, § 16).

Anders etwa als die Briefe Ciceros, die sich deutlich stärker an der Umgangssprache orientieren und übergangslos von ganz unterschiedlichen Dingen erzählen, sind die Episteln des Plinius sorgfältig komponiert, kunstvoll stilisiert und im Allgemeinen nur einem einzigen Thema gewidmet. Somit scheint die Frage berechtigt, ob es sich hier überhaupt um „echte" Briefe oder nicht vielmehr um nur literarische Texte handelt, die von Anfang an veröffentlicht werden sollten.

Nun schließt die spätere Veröffentlichung natürlich nicht aus, dass die Briefe vorher tatsächlich auch ihre Adressaten erreichten, und die meisten Forscher vertreten heute den Standpunkt, dass wir es überwiegend mit wirklichen Briefen zu tun haben.[1] Selbstverständlich hat Plinius seine Texte, bevor er sie einer größeren Öffentlichkeit zugänglich machte, noch einmal inhaltlich und sprachlich überarbeitet. Vermutlich sind bei dieser Überar-

1 Vgl. Aubrion, S. 315 f.

beitung die ganz privaten, d. h. vertraulichen Mitteilungen, die diese Briefe gewiss auch enthalten haben, gestrichen worden.[1] Das Ergebnis waren rhetorisch durchgeformte Texte, die sehr verschiedenen formalen und inhaltlichen Kategorien angehören (Bericht, Bekenntnis, Empfehlungsschreiben, Beschreibung, Trostbrief, Essay usw.) und die hohen literarischen Ansprüche des Autors widerspiegeln. Mit Plinius wird der (literarisierte) Privatbrief zu einer eigenen literarischen Gattung.

Nachleben

Plinius' Wunsch, durch seine literarischen Werke fortzudauern, hat sich erfüllt: so gibt z. B. der Kirchenvater Ambrosius (4. Jh.) seine Briefe in ebenfalls 10 Büchern heraus, wobei das letzte, ganz wie bei Plinius, der amtlichen Korrespondenz mit dem Kaiser gewidmet ist. Bewundert wurde unser Autor von Sidonius Appollinaris (5. Jh.), der ebenfalls einen *Panegyricus* auf einen Kaiser verfasste und in seinen Briefen den Stil des Plinius nachahmte. Plinius genoss zwar niemals das Prestige seines Freundes Tacitus, doch fand er immerhin das Interesse Dantes und auch einer Reihe moderner Autoren: er wurde von Lessing gelobt, und der italienische Romantiker Manzoni, die deutschen Dichter Chr. M. Wieland und A. v. Droste-Hülshoff und der französische Romancier Proust hielten ihn für einen lesenswerten Schriftsteller.

1 Vgl. Thraede, S. 77

1. Plinius als Privatmann

1.1. Tageslauf und Alltag

1 (9.36)

Leben auf dem Lande

C. PLINIUS FUSCO SUO S.

Quaeris, quemadmodum in Tuscis diem aestate dispo- 1
nam. Evigilo, cum libuit, plerumque circa horam primam, saepe ante, tardius raro. Clausae fenestrae manent; mire enim silentio et tenebris ab iis, quae avocant, abductus et liber et mihi relictus non oculos animo, sed animum oculis sequor, qui eadem quae mens vident, quotiens non vi-
dent alia. Cogito, si quid in manibus, cogito ad verbum 2
scribenti emendantique similis nunc pauciora, nunc plura, ut vel difficile vel facile componi tenerive potuerunt. Notarium voco et die admisso, quae formaveram, dicto; abit rursusque revocatur rursusque dimittitur.

Ubi hora quarta vel quinta (neque enim certum dimen- 3
sumque tempus), ut dies suasit, in xystum me vel cryptoporticum confero, reliqua meditor et dicto. Vehiculum ascendo. Ibi quoque idem quod ambulans aut iacens; durat intentio mutatione ipsa refecta. Paulum redormio, dein ambulo, mox orationem Graecam Latinamve clare et intente non tam vocis causa quam stomachi lego; pariter

tamen et illa firmatur. Iterum ambulo, ungor, exerceor,
lavor.

4 Cenanti mihi, si cum uxore vel paucis, liber legitur; post
cenam comoedia aut lyristes; mox cum meis ambulo,
quorum in numero sunt eruditi. Ita variis sermonibus ves-
pera extenditur, et quamquam longissimus dies cito con-
5 ditur. Non numquam ex hoc ordine aliqua mutantur;
nam, si diu iacui vel ambulavi, post somnum demum lec-
tionemque non vehiculo, sed, quod brevius, quia velocius,
equo gestor. Interveniunt amici ex proximis oppidis par-
temque diei ad se trahunt interdumque lasso mihi oppor-
tuna interpellatione subveniunt.

6 Venor aliquando, sed non sine pugillaribus, ut, quamvis
nihil ceperim, non nihil referam. Datur et colonis, ut vide-
tur ipsis, non satis temporis, quorum mihi agrestes quere-
lae litteras nostras et haec urbana opera commendant. Vale.

2 (1.9)
Stadt- und Landleben

C. PLINIUS MINICIO FUNDANO SUO S.

1 Mirum est, quam singulis diebus in urbe ratio aut con-
stet aut constare videatur, pluribus iunctisque non constet.
2 Nam, si quem interroges: „Hodie quid egisti?“, respon-
deat: „Officio togae virilis interfui, sponsalia aut nuptias
frequentavi, ille me ad signandum testamentum, ille in
3 advocationem, ille in consilium rogavit.“ Haec quo die fe-
ceris, necessaria, eadem, si cotidie fecisse te reputes, ina-
nia videntur, multo magis, cum secesseris. Tunc enim sub-
it recordatio: „Quot dies quam frigidis rebus absumpsi!“

4 Quod evenit mihi, postquam in Laurentino meo aut
lego aliquid aut scribo aut etiam corpori vaco, cuius ful-
5 turis animus sustinetur. Nihil audio, quod audisse, nihil
dico, quod dixisse paeniteat; nemo apud me quemquam

sinistris sermonibus carpit, neminem ipse reprehendo,
nisi tamen me, cum parum commode scribo; nulla spe,
nullo timore sollicitor, nullis rumoribus inquietor, mecum
tantum et cum libellis loquor. O rectam sinceramque vi- 6
tam, o dulce otium honestumque ac paene omni negotio
pulchrius! O mare, o litus, verum secretumque μουσεῖον,
quam multa invenitis, quam multa dictatis!

Proinde tu quoque strepitum istum inanemque discur- 7
sum et multum ineptos labores, ut primum fuerit occasio,
relinque teque studiis vel otio trade. Satius est enim, ut 8
Atilius noster eruditissime simul et facetissime dixit, otio-
sum esse quam nihil agere. Vale.

3 (9.6)

Pferderennen

C. PLINIUS CALVISIO SUO S.

Omne hoc tempus inter pugillares ac libellos iucundis- 1
sima quiete transmisi. „Quemadmodum" inquis „in urbe
potuisti?" Circenses erant, quo genere spectaculi ne levissime quidem teneor. Nihil novum, nihil varium, nihil, quod non semel spectasse sufficiat.

Quo magis miror tot milia virorum tam pueriliter iden- 2
tidem cupere currentes equos, insistentes curribus homines videre. Si tamen aut velocitate equorum aut hominum arte traherentur, esset ratio non nulla; nunc favent panno, pannum amant, et, si in ipso cursu medioque certamine hic color illuc, ille huc transferatur, studium favorque transibit et repente agitatores illos, equos illos, quos procul
noscitant, quorum clamitant nomina, relinquent. Tanta 3
gratia, tanta auctoritas in una vilissima tunica, mitto apud vulgus, quod vilius tunica, sed apud quosdam graves homines; quos ego cum recordor in re inani, frigida, adsidua tam insatiabiliter desidere, capio aliquam voluptatem,

4 quod hac voluptate non capior. Ac per hos dies libentissi-
me otium meum in litteris colloco, quos alii otiosissimis
occupationibus perdunt. Vale.

4 (7.3)

Aufforderung zur Rückkehr in die Stadt

C. PLINIUS PRAESENTI SUO S.

1 Tantane perseverantia tu modo in Lucania, modo in
Campania? „Ipse enim" inquis „Lucanus, uxor Campana."
2 Iusta causa longioris absentiae, non perpetuae tamen. Quin
ergo aliquando in urbem redis? Ubi dignitas, honor, ami-
citiae tam superiores quam minores. Quousque regnabis?
Quousque vigilabis, cum voles, dormies, quamdiu voles?
Quousque calcei nusquam, toga feriata, liber totus dies?
3 Tempus est te revisere molestias nostras, vel ob hoc so-
lum, ne voluptates istae satietate languescant. Saluta pau-
lisper, quo sit tibi iucundius salutari; terere in hac turba,
4 ut te solitudo delectet. Sed quid imprudens, quem evoca-
re conor, retardo? Fortasse enim his ipsis admoneris, ut te
magis ac magis otio involvas; quod ego non abrumpi, sed
intermitti volo.
5 Ut enim, si cenam tibi facerem, dulcibus cibis acres acu-
tosque miscerem, ut obtusus illis et oblitus stomachus his
excitaretur, ita nunc hortor, ut iucundissimum genus vitae
non nullis interdum quasi acoribus condias. Vale.

5 (7.26)

Vorteile des Krankseins

C. PLINIUS MAXIMO SUO S.

1 Nuper me cuiusdam amici languor admonuit optimos
esse nos, dum infirmi sumus. Quem enim infirmum aut
2 avaritia aut libido sollicitat? Non amoribus servit, non ad-
petit honores, opes neglegit et quantulumcumque, ut re-

licturus, satis habet. Tunc deos, tunc hominem esse se
meminit, invidet nemini, neminem miratur, neminem de-
spicit ac ne sermonibus quidem malignis aut attendit aut
alitur: balinea imaginatur et fontes. Haec summa cu- 3
rarum, summa votorum mollemque in posterum et pin-
guem, si contingat evadere, hoc est innoxiam beatamque
destinat vitam. Possum ergo, quod plurimis verbis, pluri- 4
mis etiam voluminibus philosophi docere conantur, ipse
breviter tibi mihique praecipere, ut tales esse sani perse-
veremus, quales nos futuros profitemur infirmi. Vale.

1.2. Grundbesitz

6 (4.6)

Die Erträge des Laurentinums

C. PLINIUS IULIO NASONI SUO S.

Tusci grandine excussi, in regione Transpadana summa 1
abundantia, sed par vilitas nuntiatur; solum mihi Lauren-
tinum meum in reditu. Nihil quidem ibi possideo praeter 2
tectum et hortum statimque harenas, solum tamen mihi
in reditu. Ibi enim plurimum scribo nec agrum, quem non
habeo, sed ipsum me studiis excolo; ac iam possum tibi ut
aliis in locis horreum plenum, sic ibi scrinium ostendere.
Igitur tu quoque, si certa et fructuosa praedia concupis- 3
cis, aliquid in hoc litore para. Vale.

7 (2.17; gekürzt)

Das Laurentinum

C. PLINIUS GALLO SUO S.

Miraris, cur me Laurentinum vel, si ita mavis, Laurens 1
meum tanto opere delectet. Desines mirari, cum cognove-
ris gratiam villae, opportunitatem loci, litoris spatium.

2 Decem septem milibus passuum ab urbe secessit, ut peractis, quae agenda fuerint, salvo iam et composito die possis ibi manere. Aditur non una via; nam et Laurentina et Ostiensis eodem ferunt, sed Laurentina a quarto decimo lapide, Ostiensis ab undecimo relinquenda est. [...]

3/4 Villa usibus capax, non sumptuosa tutela. Cuius in prima parte atrium frugi nec tamen sordidum; deinde porticus in D litterae similitudinem circumactae, quibus parvola, sed festiva area includitur. Egregium hae adversus tempestates receptaculum; nam specularibus ac multo magis imminentibus tectis muniuntur.

5 Est contra medias cavaedium hilare, mox triclinium satis pulchrum, quod in litus excurrit ac, si quando Africo mare impulsum est, fractis iam et novissimis fluctibus leviter adluitur. Undique valvas aut fenestras non minores valvis habet atque ita a lateribus, a fronte quasi tria maria prospectat; a tergo cavaedium, porticum, aream, porticum rursus, mox atrium, silvas et longinquos respicit montes.

6 Huius a laeva retractius paulo cubiculum est amplum,
deinde aliud minus, quod altera fenestra admittit orien-
7 tem, occidentem altera retinet; [...] Hoc hibernaculum, hoc
etiam gymnasium meorum est; [...]

8 Adnectitur angulo cubiculum in hapsida curvatum, quod ambitum solis fenestris omnibus sequitur. Parieti eius in bibliothecae speciem armarium insertum est, quod non legendos libros, sed lectitandos capit.

9 Adhaeret dormitorium membrum transitu interiacente, qui suspensus et tubulatus conceptum vaporem salubri temperamento huc illuc digerit et ministrat. Reliqua pars lateris huius servorum libertorumque usibus detinetur, plerisque tam mundis, ut accipere hospites possint. [...]

11 Inde balinei cella frigidaria spatiosa et effusa, cuius in contrariis parietibus duo baptisteria velut eiecta sinuantur,

abunde capacia, si mare in proximo cogites. Adiacet
unctorium, hypocauston, adiacet propnigeon balinei, mox
duae cellae magis elegantes quam sumptuosae; cohaeret
calida piscina mirifica, ex qua natantes mare adspiciunt;
nec procul sphaeristerium, quod calidissimo soli inclinato 12
iam die occurrit. Hic turris erigitur, sub qua diaetae duae,
totidem in ipsa, praeterea cenatio, quae latissimum mare,
longissimum litus, villas amoenissimas possidet.

Est et alia turris. In hac cubiculum, in quo sol nascitur 13
conditurque, lata post apotheca et horreum, sub hoc tri-
clinium, quod turbati maris non nisi fragorem et sonum
patitur eumque iam languidum ac desinentem; hortum et
gestationem videt, qua hortus includitur.

Gestatio buxo aut rore marino, ubi deficit buxus, ambi- 14
tur; nam buxus, qua parte defenditur tectis, abunde viret; [...]

[...] Hortum morus et ficus frequens vestit, quarum ar- 15
borum illa vel maxime ferax terra est, malignior ceteris. [...]

In capite xysti, deinceps cryptoporticus, horti, diaeta est, 20
amores mei, re vera amores, ipse posui. In hac heliocami-
nus quidem alia xystum, alia mare, utraque solem, cubicu-
lum autem valvis cryptoporticum, fenestra prospicit mare.

Contra parietem medium zotheca perquam eleganter 21
recedit, quae specularibus et velis obductis reductisve mo-
do adicitur cubiculo, modo aufertur. Lectum et duas cathe-
dras capit; a pedibus mare, a tergo villae, a capite silvae:
tot facies locorum totidem fenestris et distinguit et miscet.

Iunctum est cubiculum noctis et somni. Non illud voces 22
servolorum, non maris murmur, non tempestatum motus,
non fulgurum lumen ac ne diem quidem sentit nisi fenes-
tris apertis. [...]

Adplicitum est cubiculo hypocauston perexiguum, quod 23
angusta fenestra suppositum calorem, ut ratio exigit, aut
effundit aut retinet. Procoeton inde et cubiculum porrigi-

tur in solem, quem orientem statim exceptum ultra meridiem oblicum quidem, sed tamen servat.

24 In hanc ego diaetam cum me recepi, abesse mihi etiam a villa mea videor magnamque eius voluptatem praecipue Saturnalibus capio, cum reliqua pars tecti licentia dierum festisque clamoribus personat; nam nec ipse meorum lusibus nec illi studiis meis obstrepunt.

25 Haec utilitas, haec amoenitas deficitur aqua salienti, sed puteos ac potius fontes habet; sunt enim in summo. Et omnino litoris illius mira natura. Quocumque loco moveris humum, obvius et paratus umor occurrit, isque sincerus ac ne leviter quidem tanta maris vicinitate corruptus.

26 Suggerunt adfatim ligna proximae silvae; ceteras copias Ostiensis colonia ministrat. Frugi quidem homini sufficit etiam vicus, quem una villa discernit. In hoc balinea meritoria tria, magna commoditas, si forte balineum domi vel subitus adventus vel brevior mora calfacere dissuadeat.

27 Litus ornant varietate gratissima nunc continua, nunc intermissa tecta villarum, quae praestant multarum urbium faciem, sive mari sive ipso litore utare; quod non numquam longa tranquillitas mollit, saepius frequens et contrarius fluctus indurat.

28 Mare non sane pretiosis piscibus abundat, soleas tamen et squillas optimas egerit. Villa vero nostra etiam mediterraneas copias praestat, lac in primis; nam illuc e pascuis pecora conveniunt, si quando aquam umbramve sectantur.

29 Iustisne de causis, iam tibi videor incolere, inhabitare, diligere secessum? Quem tu nimis urbanus es nisi concupiscis. Atque utinam concupiscas, ut tot tantisque dotibus villulae nostrae maxima commendatio ex tuo contubernio accedat! Vale.

8 (9.7)

Die Villen des Plinius am Comer See

C. PLINIUS ROMANO SUO S.

Aedificare te scribis. Bene est; inveni patrocinium; aedi- 1
fico enim iam ratione, quia tecum. Nam hoc quoque non
dissimile, quod ad mare tu, ego ad Larium lacum.

Huius in litore plures villae meae, sed duae maxime ut 2
delectant ita exercent. Altera imposita saxis more Baiano 3
lacum prospicit, altera aeque more Baiano lacum tangit.
Itaque illam tragoediam, hanc appellare comoediam so-
leo, illam, quod quasi cothurnis, hanc, quod quasi soccu-
lis sustinetur. Sua utrique amoenitas, et utraque possiden-
ti ipsa diversitate iucundior. Haec lacu propius, illa latius 4
utitur; haec unum sinum molli curvamine amplectitur, illa
editissimo dorso duos dirimit; illic recta gestatio longo li-
mite super litus extenditur, hic spatiosissimo xysto leviter
inflectitur; illa fluctus non sentit, haec frangit; ex illa pos-
sis despicere piscantes, ex hac ipse piscari hamumque de
cubiculo ac paene etiam de lectulo ut e naucula iacere.

Hae mihi causae utrique, quae desunt, adstruendi ob 5
ea, quae supersunt. Etsi quid ego rationem tibi, apud
quem pro ratione erit idem facere? Vale.

1.3. Ehe und Familie

9 (4.19)

Plinius über seine Frau

C. PLINIUS CALPURNIAE HISPULLAE SUAE S.

Cum sis pietatis exemplum, fratremque optimum et 1
amantissimum tui pari caritate dilexeris filiamque eius ut
tuam diligas, nec tantum amitae ei adfectum, verum et-
iam patris amissi repraesentes, non dubito maximo tibi

gaudio fore, cum cognoveris dignam patre, dignam te, dig-
nam avo evadere.
2 Summum est acumen, summa frugalitas; amat me, quod
castitatis indicium est. Accedit his studium litterarum, quod
ex mei caritate concepit. Meos libellos habet, lectitat, edis-
3 cit etiam. Qua illa sollicitudine, cum videor acturus, quan-
to, cum egi, gaudio adficitur! Disponit, qui nuntient sibi,
quem adsensum, quos clamores excitarim, quem eventum
iudici tulerim. Eadem, si quando recito, in proximo discre-
ta velo sedet laudesque nostras avidissimis auribus excipit.
4 Versus quidem meos cantat etiam formatque cithara
non artifice aliquo docente, sed amore, qui magister est
5 optimus. His ex causis in spem certissimam adducor per-
petuam nobis maioremque in dies futuram esse concordi-
am. Non enim aetatem meam aut corpus, quae paulatim
6 occidunt ac senescunt, sed gloriam diligit. Nec aliud decet
tuis manibus educatam, tuis praeceptis institutam, quae
nihil in contubernio tuo viderit nisi sanctum honestum-
que, quae denique amare me ex tua praedicatione consu-
everit.
7 Nam, cum matrem meam parentis loco vererere, me a
pueritia statim formare, laudare talemque, qualis nunc
8 uxori meae videor, ominari solebas. Certatim ergo tibi
gratias agimus, ego, quod illa mihi, illa, quod me sibi de-
deris, quasi invicem elegeris. Vale.

10 (6.4)
Sorge um Calpurnia

C. PLINIUS CALPURNIAE SUAE S.

1 Numquam sum magis de occupationibus meis questus,
quae me non sunt passae aut proficiscentem te valetudi-
nis causa in Campaniam prosequi aut profectam e vestigio
2 subsequi. Nunc enim praecipue simul esse cupiebam, ut

oculis meis crederem, quid viribus, quid corpusculo ad-
parares, ecquid denique secessus voluptates regionisque
abundantiam inoffensa transmitteres. Equidem etiam for- 3
tem te non sine cura desiderarem; est enim suspensum et
anxium de eo, quem ardentissime diligas, interdum nihil
scire.

Nunc vero me cum absentiae tum infirmitatis tuae ra- 4
tio incerta et varia sollicitudine exterret. Vereor omnia,
imaginor omnia, quaeque natura metuentium est, ea ma-
xime mihi, quae maxime abominor, fingo.

Quo impensius rogo, ut timori meo cotidie singulis vel 5
etiam binis epistulis consulas. Ero enim securior, dum
lego, statimque timebo, cum legero. Vale.

11 (6.7)

Trennungsschmerz

C. PLINIUS CALPURNIAE SUAE S.

Scribis te absentia mea non mediocriter adfici unum- 1
que habere solacium, quod pro me libellos meos teneas,
saepe etiam in vestigio meo colloces. Gratum est, quod 2
nos requiris, gratum, quod his fomentis adquiescis. Invicem
ego epistulas tuas lectito atque identidem in manus quasi
novas sumo. Sed eo magis ad desiderium tui accendor: 3
nam, cuius litterae tantum habent suavitatis, huius sermo-
nibus quantum dulcedinis inest! Tu tamen quam frequen-
tissime scribe, licet hoc ita me delectet, ut torqueat. Vale.

12 (7.5)

Sehnsucht

C. PLINIUS CALPURNIAE SUAE S.

Incredibile est, quanto desiderio tui tenear. In causa 1
amor primum, deinde quod non consuevimus abesse.
Inde est, quod magnam noctium partem in imagine tua

vigil exigo; inde, quod interdiu, quibus horis te visere solebam, ad diaetam tuam ipsi me, ut verissime dicitur, pedes ducunt; quod denique aeger et maestus ac similis excluso a vacuo limine recedo. Unum tempus his tormentis
2 caret, quo in foro et amicorum litibus conteror. Aestima tu, quae vita mea sit, cui requies in labore, in miseria curisque solacium. Vale.

13 (8.10)

Eine Fehlgeburt Calpurnias

C. PLINIUS FABATO PROSOCERO SUO S.

1 Quo magis cupis ex nobis pronepotes videre, hoc tristior audies neptem tuam abortum fecisse, dum se praegnantem esse puellariter nescit, ac per hoc quaedam custodienda praegnantibus omittit, facit omittenda. Quem errorem magnis documentis expiavit, in summum pericu-
2 lum adducta. Igitur, ut necesse est graviter accipias senectutem tuam quasi paratis posteris destitutam, sic debes agere dis gratias, quod ita tibi in praesentia pronepotes negaverunt, ut servarent neptem, illos reddituri, quorum nobis spem certiorem haec ipsa quamquam parum prospere explorata fecunditas facit.

3 Isdem nunc ego te, quibus ipsum me hortor, moneo, confirmo. Neque enim ardentius tu pronepotes quam ego liberos cupio, quibus videor a meo tuoque latere pronum ad honores iter et audita latius nomina et non subitas imagines relicturus. Nascantur modo et hunc nostrum dolorem gaudio mutent. Vale.

1.4. Sklaven und Freigelassene

14 (3.14)

Überfall auf einen Sklavenbesitzer

C. PLINIUS ACILIO SUO S.

Rem atrocem nec tantum epistula dignam Larcius Ma- 1
cedo, vir praetorius, a servis suis passus est, superbus alio-
qui dominus et saevus et qui servisse patrem suum parum,
immo nimium meminisset.
Lavabatur in villa Formiana. Repente eum servi circum- 2
sistunt. Alius fauces invadit, alius os verberat, alius pectus
et ventrem atque etiam (foedum dictu) verenda contundit;
et cum exanimem putarent, abiciunt in fervens pavimen-
tum, ut experirentur, an viveret. Ille, sive quia non sentie-
bat, sive quia se non sentire simulabat, immobilis et exten-
tus fidem peractae mortis implevit. Tum demum quasi 3
aestu solutus effertur; excipiunt servi fideliores, concubi-
nae cum ululatu et clamore concurrunt. Ita et vocibus ex-
citatus et recreatus loci frigore sublatis oculis agitatoque
corpore vivere se (et iam tutum erat) confitetur. Diffugi- 4
unt servi; quorum magna pars comprehensa est, ceteri
requiruntur. Ipse paucis diebus aegre focilatus non sine ul-
tionis solacio decessit, ita vivus vindicatus, ut occisi solent.
Vides, quot periculis, quot contumeliis, quot ludibriis 5
simus obnoxii; nec est, quod quisquam possit esse securus,
quia sit remissus et mitis; non enim iudicio domini, sed
scelere perimuntur.
Verum haec hactenus. Quid praeterea novi? Quid? Ni- 6
hil, alioqui subiungerem; nam et charta adhuc superest et
dies feriatus patitur plura contexi. Addam, quod opportu-
ne de eodem Macedone succurrit. Cum in publico Romae
lavaretur, notabilis atque etiam, ut exitus docuit, ominosa
res accidit. Eques Romanus a servo eius, ut transitum da- 7

ret, manu leviter admonitus convertit se nec servum, a
quo erat tactus, sed ipsum Macedonem tam graviter pal-
ma percussit, ut paene concideret.
8 Ita balineum illi quasi per gradus quosdam primum
contumeliae locus, deinde exitii fuit. Vale.

15 (8.16)

Plinius und seine Sklaven

C. PLINIUS PATERNO SUO S.

1 Confecerunt me infirmitates meorum, mortes etiam, et
quidem iuvenum. Solacia duo nequaquam paria tanto do-
lori, solacia tamen: unum facilitas manumittendi (videor
enim non omnino immaturos perdidisse, quos iam liberos
perdidi), alterum, quod permitto servis quoque quasi tes-
2 tamenta facere eaque ut legitima custodio. Mandant ro-
gantque, quod visum; pareo, ut iussus. Dividunt, donant,
relinquunt dumtaxat intra domum; nam servis res publi-
3 ca quaedam et quasi civitas domus est. Sed, quamquam
his solaciis adquiescam, debilitor et frangor eadem illa hu-
manitate, quae me, ut hoc ipsum permitterem, induxit.
Non ideo tamen velim durior fieri. Nec ignoro alios eius
modi casus nihil amplius vocare quam damnum eoque sibi
magnos homines et sapientes videri. Qui an magni sapien-
4 tesque sint, nescio, homines non sunt. Hominis est enim
adfici dolore, sentire, resistere tamen et solacia admittere,
non solaciis non egere.
5 Verum de his plura fortasse, quam debui, sed pauciora,
quam volui. Est enim quaedam etiam dolendi voluptas,
praesertim si in amici sinu defleas, apud quem lacrimis
tuis vel laus sit parata vel venia. Vale.

16 (5.19)

Sorge um Zosimus

C. PLINIUS VALERIO PAULINO SUO S.

Video, quam molliter tuos habeas; quo simplicius tibi 1
confitebor, qua indulgentia meos tractem. Est mihi sem- 2
per in animo et Homericum illud πατὴρ δ᾽ ὣς ἤπιος ἦεν
et hoc nostrum „pater familiae“. Quod si essem natura as-
perior et durior, frangeret me tamen infirmitas liberti mei
Zosimi, cui tanto maior humanitas exhibenda est, quanto
nunc illa magis eget.

Homo probus, officiosus, litteratus; et ars quidem eius 3
et quasi inscriptio comoedus, in qua plurimum facit. Nam
pronuntiat acriter, sapienter, apte, decenter etiam; utitur
et cithara perite, ultra quam comoedo necesse est. Idem
tam commode orationes et historias et carmina legit, ut
hoc solum didicisse videatur.

Haec tibi sedulo exposui, quo magis scires, quam multa 4
unus mihi et quam iucunda ministeria praestaret. Accedit
longa iam caritas hominis, quam ipsa pericula auxerunt.
Est enim ita natura comparatum, ut nihil aeque amorem 5
incitet et accendat quam carendi metus; quem ego pro
hoc non semel patior. Nam ante aliquot annos, dum in- 6
tente instanterque pronuntiat, sanguinem reiecit atque ob
hoc in Aegyptum missus a me post longam peregrinatio-
nem confirmatus rediit nuper; deinde, dum per continuos
dies nimis imperat voci, veteris infirmitatis tussicula admo-
nitus rursus sanguinem reddidit.

Qua ex causa destinavi eum mittere in praedia tua, quae 7
Foro Iulii possides. Audivi enim te saepe referentem esse
ibi et aera salubrem et lac eiusmodi curationibus accom-
modatissimum. Rogo ergo scribas tuis, ut illi villa, ut do- 8
mus pateat, offerant etiam sumptibus eius, si quid opus
erit. Erit autem opus modico; est enim tam parcus et con- 9

tinens, ut non solum delicias, verum etiam necessitates valetudinis frugalitate restringat. Ego proficiscenti tantum viatici dabo, quantum sufficiat eunti in tua. Vale.

1.5. Gastgeber und Gast

17 (1.15)

Reaktion auf eine nicht angenommene Einladung

C. PLINIUS SEPTICIO SUO S.

1 Heus tu, promittis ad cenam nec venis! Dicitur ius: ad
2 assem impendium reddes, nec id modicum. Paratae erant
lactucae singulae, cochleae ternae, ova bina, halica cum
mulso et nive (nam hanc quoque computabis, immo hanc
in primis, quae perit in ferculo), olivae, betacei, cucurbi-
tae, bulbi, alia mille non minus lauta. Audisses comoedos
vel lectorem vel lyristen vel (quae mea liberalitas) omnes.
3 At tu apud nescio quem ostrea, vulvas, echinos, Gaditanas
maluisti.

Dabis poenas, non dico quas. Dure fecisti: invidisti, ne-
scio an tibi, certe mihi, sed tamen et tibi. Quantum nos lu-
4 sissemus, risissemus, studuissemus! Potes adparatius ce-
nare apud multos, nusquam hilarius, simplicius, incautius.
In summa experire et, nisi postea te aliis potius excusave-
ris, mihi semper excusa. Vale.

18 (2.6)

Ein sonderbarer Gastgeber

C. PLINIUS AVITO SUO S.

1 Longum est altius repetere, nec refert, quemadmodum
acciderit, ut homo minime familiaris cenarem apud quen-
dam, ut sibi videbatur, lautum et diligentem, ut mihi, sor-
2 didum simul et sumptuosum. Nam sibi et paucis opima

quaedam, ceteris vilia et minuta ponebat. Vinum etiam
parvolis lagunculis in tria genera discripserat, non ut po-
testas eligendi, sed ne ius esset recusandi, aliud sibi et no-
bis, aliud minoribus amicis (nam gradatim amicos habet),
aliud suis nostrisque libertis. Animadvertit, qui mihi pro- 3
ximus recumbebat, et, an probarem, interrogavit. Negavi.
„Tu ergo“ inquit, „quam consuetudinem sequeris?“ –
„Eadem omnibus pono; ad cenam enim, non ad notam
invito cunctisque rebus exaequo, quos mensa et toro
aequavi.“ – „Etiamne libertos?“ – „Etiam; convictores 4
enim tunc, non libertos puto.“ Et ille: „Magno tibi con-
stat.“ – „Minime.“ – „Qui fieri potest?“ – „Quia scilicet li-
berti mei non idem quod ego bibunt, sed idem ego quod
liberti.“ Et hercule, si gulae temperes, non est onerosum, 5
quo utaris ipse, communicare cum pluribus. Illa ergo re-
primenda, illa quasi in ordinem redigenda est, si sumpti-
bus parcas, quibus aliquanto rectius tua continentia quam
aliena contumelia consulas.

Quorsus haec? Ne tibi, optimae indolis iuveni, quorun- 6
dam in mensa luxuria specie frugalitatis imponat. Conve-
nit autem amori in te meo, quotiens tale aliquid inciderit,
sub exemplo praemonere, quid debeas fugere. Igitur me- 7
mento nihil magis esse vitandum quam istam luxuriae et
sordium novam societatem; quae cum sint turpissima dis-
creta ac separata, turpius iunguntur. Vale.

19 (3.12)

Antwort auf eine Einladung

C. PLINIUS CATILIO SEVERO SUO S.

Veniam ad cenam, sed iam nunc paciscor, sit expedita, 1
sit parca, Socraticis tantum sermonibus abundet, in his
quoque teneat modum. Erunt officia antelucana, in quae 2
incidere impune ne Catoni quidem licuit, quem tamen

3 C. Caesar ita reprehendit, ut laudet. Describit enim eos,
quibus obvius fuerit, cum caput ebrii retexissent, erubuis-
se; deinde adicit: „Putares non ab illis Catonem, sed illos
a Catone deprehensos.“ Potuitne plus auctoritatis tribui
Catoni, quam si ebrius quoque tam venerabilis erat?
4 Nostrae tamen cenae, ut adparatus et impendii, sic tem-
poris modus constet. Neque enim ii sumus, quos vitupera-
re ne inimici quidem possint, nisi ut simul laudent. Vale.

1.6. Freundschaft und Fürsprache

20 (1.14)

Empfehlung eines Ehemanns

C. PLINIUS IUNIO MAURICO SUO S.

1 Petis, ut fratris tui filiae prospiciam maritum; quod me-
rito mihi potissimum iniungis. Scis enim, quanto opere
summum illum virum suspexerim dilexerimque, quibus
ille adulescentiam meam exhortationibus foverit, quibus
2 etiam laudibus, ut laudandus viderer, effecerit. Nihil est,
quod a te mandari mihi aut maius aut gratius, nihil, quod
honestius a me suscipi possit, quam ut eligam iuvenem, ex
quo nasci nepotes Aruleno Rustico deceat.
3 Qui quidem diu quaerendus fuisset, nisi paratus et qua-
si provisus esset Minicius Acilianus, qui me ut iuvenis iuve-
nem (est enim minor pauculis annis) familiarissime diligit,
4 reveretur ut senem. Nam ita formari a me et institui cu-
pit, ut ego a vobis solebam.

Patria est ei Brixia, ex illa nostra Italia, quae multum
adhuc verecundiae, frugalitatis atque etiam rusticitatis
5 antiquae retinet ac servat. Pater Minicius Macrinus, eques-
tris ordinis princeps, quia nihil altius voluit; adlectus et-
iam a divo Vespasiano inter praetorios honestam quietem

huic nostrae – ambitioni dicam an dignitati? – constantis-
sime praetulit. Habet aviam maternam Serranam Procu- 6
lam e municipio Patavio. Nosti loci mores: Serrana tamen
Patavinis quoque severitatis exemplum est. Contigit et
avunculus ei P. Acilius gravitate, prudentia, fide prope sin-
gulari. In summa nihil erit in domo tota, quod non tibi
tamquam in tua placeat.

Aciliano vero ipsi plurimum vigoris, industriae, quam- 7
quam in maxima verecundia. Quaesturam, tribunatum,
praeturam honestissime percucurrit, ac iam pro se tibi
necessitatem ambiendi remisit. Est illi facies liberalis mul- 8
to sanguine, multo rubore suffusa, est ingenua totius cor-
poris pulchritudo et quidam senatorius decor. Quae ego
nequaquam arbitror neglegenda; debet enim hoc castitati
puellarum quasi praemium dari.

Nescio an adiciam esse patri eius amplas facultates. 9
Nam cum imaginor vos, quibus quaerimus generum, silen-
dum de facultatibus puto; cum publicos mores atque et-
iam leges civitatis intueor, quae vel in primis census homi-
num spectandos arbitrantur, ne id quidem prae-
tereundum videtur. Et sane de posteris et his pluribus co-
gitanti, hic quoque in condicionibus deligendis ponendus
est calculus.

Tu fortasse me putes indulsisse amori meo, supraque 10
ista, quam res patitur, sustulisse. At ego fide mea spondeo
futurum, ut omnia longe ampliora, quam a me praedican-
tur, invenias. Diligo quidem adulescentem ardentissime,
sicut meretur; sed hoc ipsum amantis est, non onerare
eum laudibus. Vale.

21 (2.9)

Fürsprache für einen Amtsbewerber

C. PLINIUS APOLLINARI SUO

1 Anxium me et inquietum habet petitio Sexti Eruci mei.
Adficior cura et, quam pro me sollicitudinem non adii,
quasi pro me altero patior; et alioqui meus pudor, mea
2 existimatio, mea dignitas in discrimen adducitur. Ego Sex-
to latum clavum a Caesare nostro, ego quaesturam im-
petravi; meo suffragio pervenit ad ius tribunatus petendi,
quem nisi obtinet in senatu, vereor, ne decepisse Caesa-
3 rem videar. Proinde adnitendum est mihi, ut talem eum
iudicent omnes, qualem esse princeps mihi credidit.

Quae causa si studium meum non incitaret, adiutum
tamen cuperem iuvenem probissimum, gravissimum, eru-
ditissimum, omni denique laude dignissimum et quidem
4 cum tota domo. Nam pater ei Erucius Clarus, vir sanctus,
antiquus, disertus atque in agendis causis exercitatus, quas
summa fide, pari constantia nec verecundia minore defen-
dit. Habet avunculum C. Septicium, quo nihil verius, nihil
5 simplicius, nihil candidius, nihil fidelius novi. Omnes me
certatim et tamen aequaliter amant, omnibus nunc ego in
uno referre gratiam possum. Itaque prenso amicos, sup-
plico, ambio, domos stationesque circumeo, quantumque
vel auctoritate vel gratia valeam, precibus experior; teque
obsecro, ut aliquam oneris mei partem suscipere tanti
6 putes. Reddam vicem, si reposces, reddam, et si non re-
posces. Diligeris, coleris, frequentaris; ostende modo vel-
le te, nec deerunt, qui, quod tu velis, cupiant. Vale.

22 (3.3)

Empfehlung eines Lehrers

C. PLINIUS CORELLIAE HISPULLAE SUAE S.

Cum patrem tuum, gravissimum et sanctissimum vi- 1
rum, suspexerim magis an amaverim, dubitem teque et in memoria eius et in honorem tuum unice diligam, cupiam necesse est atque etiam, quantum in me fuerit, enitar, ut filius tuus avo similis exsistat; equidem malo materno, quamquam illi paternus etiam clarus spectatusque contigerit, pater quoque et patruus inlustri laude conspicui.
Quibus omnibus ita demum similis adolescet, si imbutus 2
honestis artibus fuerit, quas plurimum refert, a quo potissimum accipiat.

Adhuc illum pueritiae ratio intra contubernium tuum 3
tenuit, praeceptores domi habuit, ubi est erroribus modica vel etiam nulla materia. Iam studia eius extra limen proferenda sunt, iam circumspiciendus rhetor Latinus, cuius scholae severitas, pudor, in primis castitas constet. Adest 4
enim adulescenti nostro cum ceteris naturae fortunaeque dotibus eximia corporis pulchritudo, cui in hoc lubrico aetatis non praeceptor modo, sed custos etiam rectorque quaerendus est.

Videor ergo demonstrare tibi posse Iulium Genitorem. 5
Amatur a me; iudicio tamen meo non obstat caritas hominis, quae ex iudicio nata est. Vir est emendatus et gravis, paulo etiam horridior et durior, ut in hac licentia temporum. Quantum eloquentia valeat, pluribus credere potes; 6
nam dicendi facultas aperta et exposita statim cernitur. Vita hominum altos recessus magnasque latebras habet; cuius pro Genitore me sponsorem accipe! Nihil ex hoc viro filius tuus audiet nisi profuturum, nihil discet, quod nescisse rectius fuerit, nec minus saepe ab illo quam a te

meque admonebitur, quibus imaginibus oneretur, quae nomina et quanta sustineat.

7 Proinde faventibus dis trade eum praeceptori, a quo mores primum, mox eloquentiam discat, quae male sine moribus discitur. Vale.

23 (6.23)

Fürsprache für einen jungen Juristen

C. PLINIUS TRIARIO SUO S.

1 Impense petis, ut agam causam pertinentem ad curam tuam, pulchram alioqui et famosam. Faciam, sed non gratis. „Qui fieri potest", inquis, „ut non gratis tu?" Potest: exigam enim mercedem honestiorem gratuito patrocinio.
2 Peto atque etiam paciscor, ut simul agat Cremutius Ruso. Solitum hoc mihi et iam in pluribus claris adulescentibus factitatum; nam mire concupisco bonos iuvenes ostende-
3 re foro, adsignare famae. Quod si cui, praestare Rusoni meo debeo vel propter natales ipsius vel propter eximiam mei caritatem; quem magni aestimo in isdem iudiciis, ex
4 isdem etiam partibus conspici, audiri. Obliga me, obliga, ante quam dicat; nam cum dixerit, gratias ages. Spondeo sollicitudini tuae, spei meae, magnitudini causae suffecturum. Est indolis optimae, brevi producturus alios, si inter-
5 im provectus fuerit a nobis. Neque enim cuiquam tam clarum statim ingenium, ut possit emergere, nisi illi materia, occasio, fautor etiam commendatorque contingat. Vale.

24 (7.28)

Übertriebenes Lob der Freunde?

C. PLINIUS SEPTICIO SUO S.

1 Ais quosdam apud te reprehendisse, tamquam amicos
2 meos ex omni occasione ultra modum laudem. Agnosco crimen, amplector etiam. Quid enim honestius culpa be-

nignitatis? Qui sunt tamen isti, qui amicos meos melius norint? Sed, ut norint, quid invident mihi felicissimo errore? Ut enim non sint tales, quales a me praedicantur, ego tamen beatus, quod mihi videntur.

Igitur ad alios hanc sinistram diligentiam conferant; nec 3
sunt parum multi, qui carpere amicos suos iudicium vocant. Mihi numquam persuadebunt, ut meos amari a me nimium putem. Vale.

25 (8.22)
Nachsichtig sein

C. PLINIUS GEMINO SUO S.

Nostine hos, qui omnium libidinum servi sic aliorum 1
vitiis irascuntur, quasi invideant, et gravissime puniunt, quos maxime imitantur? Cum eos etiam, qui non indigent clementia ullius, nihil magis quam lenitas deceat. Atque 2
ego optimum et emendatissimum existimo, qui ceteris ita ignoscit, tamquam ipse cotidie peccet, ita peccatis abstinet, tamquam nemini ignoscat. Proinde hoc domi, hoc 3
foris, hoc in omni vitae genere teneamus, ut nobis implacabiles simus, exorabiles istis etiam, qui dare veniam nisi sibi nesciunt, mandemusque memoriae, quod vir mitissimus et ob hoc quoque maximus, Thrasea, crebro dicere solebat: „Qui vitia odit, homines odit."

Quaeris fortasse, quo commotus haec scribam. Nuper 4
quidam – sed melius coram; quamquam ne tunc quidem. Vereor enim, ne id, quod improbo, consectari, carpere, referre huic, quod cum maxime praecipimus, repugnet. Quisquis ille, qualiscumque, sileatur, quem insignire exempli nihil, non insignire humanitatis plurimum refert. Vale.

26 (9.12)

Väter und Söhne

C. PLINIUS IUNIORI SUO S.

1 Castigabat quidam filium suum, quod paulo sumptuosius equos et canes emeret. Huic ego iuvene digresso: „Heus tu, numquamne fecisti, quod a patre corripi posset? 'Fecisti' dico? Non interdum facis, quod filius tuus, si repente pater ille, tu filius, pari gravitate reprehendat? Non omnes homines aliquo errore ducuntur? Non hic in illo sibi, in hoc alius indulget?"

2 Haec tibi admonitus immodicae severitatis exemplo, pro amore mutuo scripsi, ne quando tu quoque filium tuum acerbius duriusque tractares. Cogita et illum puerum esse et te fuisse, atque ita hoc, quod es pater, utere, ut memineris et hominem esse te et hominis patrem. Vale.

27 (9.17)

Aufforderung zur Toleranz

C. PLINIUS GENITORI SUO S.

1 Recepi litteras tuas, quibus quereris taedio tibi fuisse quamvis lautissimam cenam, quia scurrae, cinaedi, moriones mensis inerrabant.

2 Vis tu remittere aliquid ex rugis? Equidem nihil tale habeo, habentes tamen fero. Cur ergo non habeo? Quia nequaquam me ut inexspectatum festivumve delectat, si quid molle a cinaedo, petulans a scurra, stultum a morione profertur.

3 Non rationem, sed stomachum tibi narro. Atque adeo quam multos putas esse, quos ea, quibus ego et tu capimur et ducimur, partim ut inepta, partim ut molestissima offendant! Quam multi, cum lector aut lyristes aut comoedus inductus est, calceos poscunt aut non minore cum taedio recubant, quam tu ista (sic enim adpellas) prodigia

perpessus es! Demus igitur alienis oblectationibus veniam, 4
ut nostris impetremus. Vale.

28 (9.21)

Bitte um Nachsicht

C. PLINIUS SABINIANO SUO S.

Libertus tuus, cui suscensere te dixeras, venit ad me 1
advolutusque pedibus meis tamquam tuis haesit. Flevit multum, multum rogavit, multum etiam tacuit, in summa fecit mihi fidem paenitentiae verae: credo emendatum, quia deliquisse se sentit.

Irasceris, scio, et irasceris merito, id quoque scio; sed 2
tunc praecipua mansuetudinis laus, cum irae causa iustissima est.

Amasti hominem et, spero, amabis: interim sufficit, ut 3
exorari te sinas. Licebit rursus irasci, si meruerit, quod exoratus excusatius facies. Remitte aliquid adulescentiae ipsius, remitte lacrimis, remitte indulgentiae tuae. Ne torseris illum, ne torseris etiam te; torqueris enim, cum tam lenis irasceris.

Vereor, ne videar non rogare, sed cogere, si precibus 4
eius meas iunxero; iungam tamen tanto plenius et effusius, quanto ipsum acrius severiusque corripui, destricte minatus numquam me postea rogaturum. Hoc illi, quem terreri oportebat, tibi non idem; nam fortasse iterum rogabo, impetrabo iterum: sit modo tale, ut rogare me, ut praestare te deceat. Vale.

1.7. Freigebigkeit

29 (2.4)

Eine Schenkung

C. PLINIUS CALVINAE SUAE S.

1 Si pluribus pater tuus vel uni cuilibet alii quam mihi
debuisset, fuisset fortasse dubitandum, an adires heredi-
2 tatem etiam viro gravem. Cum vero ego ductus adfinitatis
officio, dimissis omnibus, qui non dico molestiores, sed
diligentiores erant, creditor solus exstiterim, cumque vi-
vente eo nubenti tibi in dotem centum milia contulerim,
praeter eam summam, quam pater tuus quasi de meo di-
xit (erat enim solvenda de meo), magnum habes facilitatis
meae pignus, cuius fiducia debes famam defuncti pudo-
remque suscipere. Ad quod te ne verbis magis quam re-
bus horter, quidquid mihi pater tuus debuit, acceptum tibi
fieri iubebo.

3 Nec est, quod verearis, ne sit mihi onerosa ista donatio.
Sunt quidem omnino nobis modicae facultates, dignitas
sumptuosa, reditus propter condicionem agellorum ne-
scio minor an incertior; sed, quod cessat ex reditu, fruga-
litate suppletur, ex qua velut fonte liberalitas nostra decur-
4 rit. Quae tamen ita temperanda est, ne nimia profusione
inarescat; sed temperanda in aliis, in te vero facile ei ratio
constabit, etiamsi modum excesserit. Vale.

30 (3.6)

Stiftung eines Kunstwerks

C. PLINIUS ANNIO SEVERO SUO

1 Ex hereditate, quae mihi obvenit, emi proxime Corin-
thium signum, modicum quidem, sed festivum et expres-
sum, quantum ego sapio, qui fortasse in omni re, in hac
certe perquam exiguum sapio; hoc tamen signum ego

quoque intellego. Est enim nudum, nec aut vitia, si qua 2
sunt, celat, aut laudes parum ostentat. Effingit senem stan-
tem; ossa, musculi, nervi, venae, rugae etiam ut spirantis
adparent; rari et cedentes capilli, lata frons, contracta fa-
cies, exile collum; pendent lacerti, papillae iacent, venter
recessit; a tergo quoque eadem aetas ut a tergo. Aes ip- 3
sum, quantum verus color indicat, vetus et antiquum; ta-
lia denique omnia, ut possint artificum oculos tenere, de-
lectare imperitorum.

Quod me quamquam tirunculum sollicitavit ad emen- 4
dum. Emi autem non, ut haberem domi (neque enim
ullum adhuc Corinthium domi habeo), verum ut in patria
nostra celebri loco ponerem, ac potissimum in Iovis tem-
plo; videtur enim dignum templo dignum deo donum. 5

Tu ergo, ut soles omnia, quae a me tibi iniunguntur,
suscipe hanc curam, et iam nunc iube basim fieri, ex quo
voles marmore, quae nomen meum honoresque capiat, si
hos quoque putabis addendos.

Ego signum ipsum, ut primum invenero aliquem, qui 6
non gravetur, mittam tibi vel ipse (quod mavis) adferam
mecum. Destino enim, si tamen officii ratio permiserit,
excurrere isto. Gaudes, quod me venturum esse polliceor, 7
sed contrahes frontem, cum adiecero „ad paucos dies“:
neque enim diutius abesse me eadem haec, quae nondum
exire patiuntur. Vale.

31 (4.13)

Gründung einer Schule

C. PLINIUS CORNELIO TACITO SUO S.

Salvum in urbem venisse gaudeo; venisti autem, si quan- 1
do alias, nunc maxime mihi desideratus. Ipse pauculis ad-
huc diebus in Tusculano commorabor, ut opusculum, quod
est in manibus, absolvam. Vereor enim, ne, si hanc inten- 2

tionem iam in fine laxavero, aegre resumam. Interim, ne
quid festinationi meae pereat, quod sum praesens petitu-
rus, hac quasi praecursoria epistula rogo. Sed prius acci-
pe causas rogandi, deinde ipsum, quod peto.

3 Proxime cum in patria mea fui, venit ad me salutandum
municipis mei filius praetextatus. Huic ego „Studes?“ in-
quam. Respondit: „Etiam.“ „Ubi?“ „Mediolani.“ „Cur non
hic?“ Et pater eius (erat enim una atque etiam ipse addu-
xerat puerum): „Quia nullos hic praeceptores habemus.“
4 „Quare nullos? Nam vehementer intererat vestra, qui pat-
res estis“ (et opportune complures patres audiebant) „li-
beros vestros hic potissimum discere. Ubi enim aut iucun-
dius morarentur quam in patria aut pudicius contineren-
tur quam sub oculis parentum aut minore sumptu quam
5 domi? Quantulum est ergo collata pecunia conducere
praeceptores, quodque nunc in habitationes, in viatica, in
ea, quae peregre emuntur (omnia autem peregre emun-
tur), impenditis, adicere mercedibus?

Atque adeo ego, qui nondum liberos habeo, paratus
sum pro re publica nostra quasi pro filia vel parente terti-
6 am partem eius, quod conferre vobis placebit, dare. To-
tum etiam pollicerer, nisi timerem, ne hoc munus meum
quandoque ambitu corrumperetur, ut accidere multis in
locis video, in quibus praeceptores publice conducuntur.
7 Huic vitio occurri uno remedio potest, si parentibus solis
ius conducendi relinquatur isdemque religio recte iudican-
8 di necessitate collationis addatur. Nam, qui fortasse de ali-
eno neglegentes, certe de suo diligentes erunt dabuntque
operam, ne a me pecuniam non nisi dignus accipiat, si
9 accepturus et ab ipsis erit. Proinde consentite, conspirate
maioremque animum ex meo sumite, qui cupio esse quam
plurimum, quod debeam conferre. Nihil honestius prae-
stare liberis vestris, nihil gratius patriae potestis. Educen-

tur hic, qui hic nascuntur, statimque ab infantia natale solum amare, frequentare consuescant. Atque utinam tam claros praeceptores inducatis, ut in finitimis oppidis studia hinc petantur, utque nunc liberi vestri aliena in loca, ita mox alieni in hunc locum confluant!“

Haec putavi altius et quasi a fonte repetenda, quo ma- 10
gis scires, quam gratum mihi foret, si susciperes, quod in-
iungo. Iniungo autem et pro rei magnitudine rogo, ut ex
copia studiosorum, quae ad te ex admiratione ingenii tui
convenit, circumspicias praeceptores, quos sollicitare pos-
simus, sub ea tamen condicione, ne cui fidem meam
obstringam. Omnia enim libera parentibus servo; illi iudi-
cent, illi eligant; ego mihi curam tantum et impendium
vindico. Proinde, si quis fuerit repertus, qui ingenio suo 11
fidat, eat illuc ea lege, ut hinc nihil aliud certum quam fi-
duciam suam ferat. Vale.

32 (6.32)

Schenkung einer Mitgift

C. PLINIUS QUINTILIANO SUO S.

Quamvis et ipse sis continentissimus et filiam tuam ita 1
institueris, ut decebat tuam filiam, Tutili neptem, cum ta-
men sit nuptura honestissimo viro, Nonio Celeri, cui ra-
tio civilium officiorum necessitatem quandam nitoris im-
ponit, debet secundum condicionem mariti ‹uti› veste, co-
mitatu, quibus non quidem augetur dignitas, ornatur ta-
men et instruitur. Te porro animo beatissimum modicum 2
facultatibus scio. Itaque partem oneris tui mihi vindico et
tamquam parens alter puellae nostrae confero quinqua-
ginta milia nummum plus collaturus, nisi a verecundia tua
sola mediocritate munusculi impetrari posse confiderem,
ne recusares. Vale.

33 (9.30)

Wahre Freigebigkeit

C. PLINIUS GEMINO SUO S.

1 Laudas mihi et frequenter praesens et nunc per epistulas Nonium tuum, quod sit liberalis in quosdam: et ipse laudo, si tamen non in hos solos. Volo enim eum, qui sit vere liberalis, tribuere patriae, propinquis, adfinibus, amicis, sed amicis dico pauperibus, non ut isti, qui iis potissi-
2 mum donant, qui donare maxime possunt. Hos ego viscatis hamatisque muneribus non sua promere puto, sed aliena corripere. Sunt ingenio simili, qui, quod huic donant,
3 auferunt illi, famamque liberalitatis avaritia petunt. Primum est autem suo esse contentum, deinde, quos praecipue scias indigere, sustentantem foventemque orbe quodam socialitatis ambire. Quae cuncta si facit iste, usquequaque laudandus est; si unum aliquid, minus quidem,
4 laudandus tamen: tam rarum est etiam imperfectae liberalitatis exemplar. Ea invasit homines habendi cupido, ut possideri magis quam possidere videantur. Vale.

2. Plinius als Schriftsteller

2.1. Eigene Werke

34 (1.1)

Veröffentlichung der Briefe

C. PLINIUS SEPTICIO SUO

1 Frequenter hortatus es, ut epistulas, si quas paulo curatius scripsissem, colligerem publicaremque. Collegi non servato temporis ordine (neque enim historiam compo-
2 nebam), sed ut quaeque in manus venerat. Superest, ut

nec te consilii nec me paeniteat obsequii. Ita enim fiet, ut eas, quae adhuc neglectae iacent, requiram, et, si quas addidero, non supprimam. Vale.

35 (1.6)

Studien während der Jagd

C. PLINIUS CORNELIO TACITO SUO S.

Ridebis, et licet rideas. Ego ille, quem nosti, apros tres 1
et quidem pulcherrimos cepi. „Ipse?" inquis. Ipse; non
tamen ut omnino ab inertia mea et quiete discederem. Ad
retia sedebam; erat in proximo non venabulum aut lancea,
sed stilus et pugillares; meditabar aliquid enotabamque,
ut, si manus vacuas, plenas tamen ceras reportarem.

Non est, quod contemnas hoc studendi genus; mirum 2
est, ut animus agitatione motuque corporis excitetur. Iam
undique silvae et solitudo ipsumque illud silentium, quod
venationi datur, magna cogitationis incitamenta sunt.

Proinde, cum venabere, licebit auctore me ut panarium 3
et lagunculam sic etiam pugillares feras; experieris
non Dianam magis montibus quam Minervam inerrare.
Vale.

36 (1.8; gekürzt)

Bitte um Kritik einer Rede

C. PLINIUS POMPEIO SATURNINO SUO S.

Peropportune mihi redditae sunt litterae tuae, quibus 1
flagitabas, ut tibi aliquid ex scriptis meis mitterem, cum
ego id ipsum destinassem. [...] Non est tamen, quod ab ho- 2
mine desidioso aliquid novi operis exspectes. Petiturus
sum enim, ut rursus vaces sermoni, quem apud municipes
meos habui bibliothecam dedicaturus. [...]

Erit enim et post emendationem liberum nobis vel pub- 3
licare vel continere. Quin immo fortasse hanc ipsam 4

cunctationem nostram in alterutram sententiam emendationis ratio deducet, quae aut indignum editione, dum saepius retractat, inveniet aut dignum, dum id ipsum experitur, efficiet.

5 Quamquam huius cunctationis meae causae non tam in scriptis quam in ipso materiae genere consistunt; est enim paulo quasi gloriosius et elatius; onerabit hoc modestiam nostram, etiamsi stilus ipse pressus demissusque fuerit, propterea quod cogimur cum de munificentia parentum nostrorum tum de nostra disputare.

6 Anceps hic et lubricus locus est, etiam cum illi necessitas lenocinatur. Etenim, si alienae quoque laudes parum aequis auribus accipi solent, quam difficile est obtinere, ne molesta videatur oratio de se aut de suis disserentis! Nam cum ipsi honestati tum aliquanto magis gloriae eius praedicationique invidemus atque ea demum recte facta minus detorquemus et carpimus, quae in obscuritate et silentio reponuntur.

7 Qua ex causa saepe ipse mecum, nobisne tantum, quid-
8 quid est istud, composuisse an et aliis debeamus. [...] quid
utilius fuit quam munificentiae rationem etiam stilo prosequi? Per hoc enim adsequebamur, primum ut honestis cogitationibus immoraremur, deinde ut pulchritudinem illarum longiore tractatu pervideremus, postremo ut subitae largitionis comitem paenitentiam caveremus. Nascebatur ex his exercitatio quaedam contemnendae pecuniae.
9 Nam, cum omnes homines ad custodiam eius natura restrinxerit, nos contra multum ac diu pensitatus amor liberalitatis communibus avaritiae vinculis eximebat, tantoque laudabilior munificentia nostra fore videbatur, quod ad illam non impetu quodam, sed consilio trahebamur.

10 Accedebat his causis, quod non ludos aut gladiatores, sed annuos sumptus in alimenta ingenuorum pollice-

bamur. Oculorum porro et aurium voluptates adeo non
egent commendatione, ut non tam incitari debeant oratio-
ne quam reprimi; ut vero aliquis libenter educationis tae- 11
dium laboremque suscipiat, non praemiis modo, verum
etiam exquisitis adhortationibus impetrandum est. Nam, 12
si medici salubres, sed voluptate carentes cibos blandiori-
bus adloquiis prosequuntur, quanto magis decuit publice
consulentem utilissimum munus, sed non perinde popu-
lare, comitate orationis inducere? Praesertim cum eniten-
dum haberemus, ut, quod parentibus dabatur, et orbis
probaretur honoremque paucorum ceteri patienter et ex-
spectarent et mererentur. Sed, ut tunc communibus ma- 13
gis commodis quam privatae iactantiae studebamus, cum
intentionem effectumque muneris nostri vellemus intel-
legi, ita nunc in ratione edendi veremur, ne forte non
aliorum utilitatibus, sed propriae laudi servisse videa-
mur.

Praeterea meminimus, quanto maiore animo honestatis 14
fructus in conscientia quam in fama reponatur. Sequi
enim gloria, non adpeti debet, nec, si casu aliquo non se-
quatur, idcirco, quod gloriam meruit, minus pulchrum est.
Ii vero, qui benefacta sua verbis adornant, non ideo prae- 15
dicare, quia fecerint, sed ut praedicarent, fecisse credun-
tur. Sic, quod magnificum referente alio fuisset, ipso, qui
gesserat, recensente vanescit; [...]

Me vero peculiaris quaedam impedit ratio. Etenim hunc 16
ipsum sermonem non apud populum, sed apud decurio-
nes habui nec in propatulo, sed in curia. Vereor ergo, ut 17
sit satis congruens, cum in dicendo adsentationem vulgi
adclamationemque defugerim, nunc eadem illa editione
sectari, cumque plebem ipsam, cui consulebatur, limine
curiae parietibusque discreverim, ne quam in speciem
ambitionis inciderem, nunc eos etiam, ad quos ex mune-

re nostro nihil pertinet praeter exemplum, velut obvia
18 ostentatione conquirere. Habes cunctationis meae causas;
obsequar tamen consilio tuo, cuius mihi auctoritas pro
ratione sufficiet. Vale.

37 (3.18)

Die Lobrede auf Trajan

C. PLINIUS VIBIO SEVERO SUO S.

1 Officium consulatus iniunxit mihi, ut rei publicae nomi-
ne principi gratias agerem. Quod ego in senatu cum ad
rationem et loci et temporis ex more fecissem, bono civi
convenientissimum credidi eadem illa spatiosius et uberi-
2 us volumine amplecti, primum ut imperatori nostro virtu-
tes suae veris laudibus commendarentur, deinde ut futuri
principes non quasi a magistro, sed tamen sub exemplo
praemonerentur, qua potissimum via possent ad eandem
3 gloriam niti. Nam praecipere, qualis esse debeat princeps,
pulchrum quidem, sed onerosum ac prope superbum est,
laudare vero optimum principem ac per hoc posteris ve-
lut e specula lumen, quod sequantur, ostendere idem uti-
litatis habet, adrogantiae nihil.

4 Cepi autem non mediocrem voluptatem, quod, hunc lib-
rum cum amicis recitare voluissem, non per codicillos,
non per libellos, sed „si commodum“ et „si valde vacaret“
admoniti (numquam porro aut valde vacat Romae aut
commodum est audire recitantem), foedissimis insuper
tempestatibus per biduum convenerunt, cumque modes-
tia mea finem recitationi facere voluisset, ut adicerem ter-
5 tium diem, exegerunt. Mihi hunc honorem habitum pu-
tem an studiis? Studiis malo, quae prope exstincta refoven-
6 tur. At cui materiae hanc sedulitatem praestiterunt? Nem-
pe quam in senatu quoque, ubi perpeti necesse erat, gra-
vari tamen vel puncto temporis solebamus, eandem nunc,

et qui recitare et qui audire triduo velint, inveniuntur, non
quia eloquentius quam prius, sed quia liberius ideoque
etiam libentius scribitur. Accedet ergo hoc quoque laudi- 7
bus principis nostri, quod res antea tam invisa quam falsa
nunc ut vera ita amabilis facta est.

Sed ego cum studium audientium tum iudicium mire 8
probavi; animadverti enim severissima quaeque vel maxi-
me satisfacere. Memini quidem me non multis recitasse, 9
quod omnibus scripsi, nihilo minus tamen, tamquam sit
eadem omnium futura sententia, hac severitate aurium
laetor ac, sicut olim theatra male musicos canere docue-
runt, ita nunc in spem adducor posse fieri, ut eadem thea-
tra bene canere musicos doceant. Omnes enim, qui pla- 10
cendi causa scribunt, qualia placere viderint, scribent. Ac
mihi quidem confido in hoc genere materiae laetioris stili
constare rationem, cum ea potius, quae pressius et adstric-
tius, quam illa, quae hilarius et quasi exsultantius scripsi,
possint videri accersita et inducta. Non ideo tamen segni-
us precor, ut quandoque veniat dies (utinamque iam vene-
rit!), quo austeris illis severisque dulcia haec blandaque vel
iusta possessione decedant.

Habes acta mea tridui; quibus cognitis volui tantum te 11
voluptatis absentem et studiorum nomine et meo capere,
quantum praesens percipere potuisses. Vale.

38 (4.14)

Ein Gedichtbuch des Plinius

C. PLINIUS PATERNO SUO S.

Tu fortasse orationem, ut soles, et flagitas et exspectas, 1
at ego quasi ex aliqua peregrina delicataque merce lusus
meos tibi prodo. Accipies cum hac epistula hendecasylla- 2
bos nostros, quibus nos in vehiculo, in balineo, inter cenam
oblectamus otium temporis. His iocamur, ludimus, ama- 3

mus, dolemus, querimur, irascimur, describimus aliquid
modo pressius, modo elatius atque ipsa varietate tempta-
mus efficere, ut alia aliis, quaedam fortasse omnibus pla-
4 ceant. Ex quibus tamen si non nulla tibi petulantiora pau-
lo videbuntur, erit eruditionis tuae cogitare summos illos
et gravissimos viros, qui talia scripserunt, non modo lasci-
via rerum, sed ne verbis quidem nudis abstinuisse; quae
nos refugimus, non quia severiores (unde enim?), sed quia
5 timidiores sumus. Scimus alioqui huius opusculi illam esse
verissimam legem, quam Catullus expressit:

> Nam castum esse decet pium poetam
> ipsum, versiculos nihil necesse est,
> qui tunc denique habent salem et leporem,
> si sunt molliculi et parum pudici.

6 Ego quanti faciam iudicium tuum, vel ex hoc potes aes-
timare, quod malui omnia a te pensitari quam electa lau-
dari. Et sane, quae sunt commodissima, desinunt videri,
7 cum paria esse coeperunt. Praeterea sapiens subtilisque
lector debet non diversis conferre diversa, sed singula ex-
pendere nec deterius alio putare, quod est in suo genere
perfectum.

8 Sed quid ego plura? Nam longa praefatione vel excusa-
re vel commendare ineptias ineptissimum est. Unum illud
praedicendum videtur cogitare me has meas nugas ita in-
scribere „hendecasyllabi“, qui titulus sola metri lege con-
9 stringitur. Proinde, sive epigrammata sive idyllia sive eclo-
gas sive, ut multi, poematia seu quod aliud vocare malue-
ris, licebit voces; ego tantum hendecasyllabos praesto.

10 A simplicitate tua peto, quod de libello meo dicturus es
alii, mihi dicas; neque est difficile, quod postulo. Nam, si
hoc opusculum nostrum aut potissimum esset aut solum,

fortasse posset durum videri dicere: „Quaere, quod agas"; molle et humanum est: „Habes, quod agas." Vale.

39 (5.8)

Plinius und die Geschichtsschreibung

C. PLINIUS TITINIO CAPITONI SUO S.

Suades, ut historiam scribam, et suades non solus; mul- 1
ti hoc me saepe monuerunt, et ego volo, non quia com-
mode facturum esse confidam (id enim temere credas nisi
expertus), sed quia mihi pulchrum in primis videtur non
pati occidere, quibus aeternitas debeatur, aliorumque
famam cum sua extendere. Me autem nihil aeque ac diu- 2
turnitatis amor et cupido sollicitat, res homine dignissima,
eo praesertim, qui nullius sibi conscius culpae posteritatis
memoriam non reformidet. Itaque diebus ac noctibus co- 3
gito, si „qua me quoque possim tollere humo"; id enim
voto meo sufficit, illud supra votum „victorque virum vo-
litare per ora". „Quamquam o–!" Sed hoc satis est, quod
prope sola historia polliceri videtur. Orationi enim et car- 4
mini parva gratia, nisi eloquentia est summa; historia quo-
quo modo scripta delectat. Sunt enim homines natura
curiosi et quamlibet nuda rerum cognitione capiuntur, ut
qui sermunculis etiam fabellisque ducantur.

Me vero ad hoc studium impellit domesticum quoque
exemplum. Avunculus meus idemque per adoptionem 5
pater historias et quidem religiosissime scripsit. Invenio
autem apud sapientes honestissimum esse maiorum vesti-
gia sequi, si modo recto itinere praecesserint. Cur ergo
cunctor? Egi magnas et graves causas. Has, etiamsi mihi 6
tenuis ex iis spes, destino retractare, ne tantus ille labor
meus, nisi hoc, quod reliquum est studii, addidero, me-
cum pariter intercidat. Nam, si rationem posteritatis habe- 7
as, quidquid non est peractum, pro non incohato est.

Dices: „Potes simul et rescribere actiones et componere his-
toriam.“ Utinam! Sed utrumque tam magnum est, ut a-
bunde sit alterum efficere.
8 Unodevicensimo aetatis anno dicere in foro coepi et
nunc demum, quid praestare debeat orator, adhuc tamen
9 per caliginem video. Quid si huic oneri novum accesserit?
Habet quidem oratio et historia multa communia, sed plu-
ra diversa in his ipsis, quae communia videntur. Narrat
illa, narrat haec, sed aliter; huic pleraque humilia et sordi-
da et ex medio petita, illi omnia recondita, splendida, ex-
10 celsa conveniunt; hanc saepius ossa, musculi, nervi, illam
tori quidam et quasi iubae decent; haec vel maxime vi,
amaritudine, instantia, illa tractu et suavitate atque etiam
dulcedine placet; postremo alia verba, alius sonus, alia
11 constructio. Nam plurimum refert, ut Thucydides ait,
κτῆμα sit an ἀγώνισμα; quorum alterum oratio, alterum
historia est. His ex causis non adducor, ut duo dissimilia
et hoc ipso diversa, quod maxima, confundam misceam-
que, ne tanta quasi colluvione turbatus ibi faciam, quod
hic debeo; ideoque interim veniam, ut ne a meis verbis re-
cedam, advocandi peto.
12 Tu tamen iam nunc cogita, quae potissimum tempora
adgrediar. Vetera et scripta aliis? Parata inquisitio, sed
onerosa collatio. Intacta et nova? Graves offensae, levis
13 gratia. Nam praeter id, quod in tantis vitiis hominum plu-
ra culpanda sunt quam laudanda, tum, si laudaveris, par-
cus, si culpaveris, nimius fuisse dicaris, quamvis illud ple-
14 nissime, hoc restrictissime feceris. Sed haec me non retar-
dant; est enim mihi pro fide satis animi. Illud peto, prae-
sternas, ad quod hortaris, eligasque materiam, ne mihi
iam scribere parato alia rursus cunctationis et morae ius-
ta ratio nascatur. Vale.

40 (7.4)

Plinius als Dichter

C. PLINIUS PONTIO SUO S.

Ais legisse te hendecasyllabos meos; requiris etiam, quem- 1
admodum coeperim scribere, homo, ut tibi videor, severus,
ut ipse fateor, non ineptus.

Numquam a poetice (altius enim repetam) alienus fui; 2
quin etiam quattuordecim natus annos Graecam tragoedi-
am scripsi. „Qualem?“ inquis. Nescio; tragoedia vocabatur.

Mox, cum e militia rediens in Icaria insula ventis deti- 3
nerer, Latinos elegos in illud ipsum mare ipsamque insulam
feci. Expertus sum me aliquando et heroo, hendecasylla-
bis nunc primum, quorum hic natalis, haec causa est.

Legebantur in Laurentino mihi libri Asini Galli de com-
paratione patris et Ciceronis. Incidit epigramma Ciceronis
in Tironem suum. Dein, cum meridie (erat enim aestas) 4
dormiturus me recepissem nec obreperet somnus, coepi
reputare maximos oratores hoc studii genus et in oblecta-
tionibus habuisse et in laude posuisse. Intendi animum 5
contraque opinionem meam post longam desuetudinem
perquam exiguo temporis momento id ipsum, quod me
ad scribendum sollicitaverat, his versibus exaravi:

Cum libros Galli legerem, quibus ille parenti 6
ausus de Cicerone dare est palmamque decusque,
lascivum inveni lusum Ciceronis et illo
spectandum ingenio, quo seria condidit et quo
humanis salibus multo varioque lepore
magnorum ostendit mentes gaudere virorum.
Nam queritur, quod fraude mala frustratus amantem
paucula cenato sibi debita savia Tiro
tempore nocturno subtraxerit. His ego lectis
„cur post haec“ inquam „nostros celamus amores

nullumque in medium timidi damus atque fatemur
Tironisque dolos, Tironis nosse fugaces
blanditias et furta novas addentia flammas?“

7 Transii ad elegos; hos quoque non minus celeriter explicui; addidi alios facilitate corruptus. Deinde in urbem reversus sodalibus legi; probaverunt.

8 Inde plura metra, si quid otii, ac maxime in itinere, temptavi. Postremo placuit exemplo multorum unum separatim hendecasyllaborum volumen absolvere, nec pae-
9 nitet. Legitur, describitur, cantatur etiam et a Graecis quoque, quos Latine huius libelli amor docuit, nunc cithara, nunc lyra personatur.

10 Sed quid ego tam gloriose? Quamquam poetis furere concessum est. Et tamen non de meo, sed de aliorum iudicio loquor; qui sive iudicant, sive errant, me delectat. Unum precor, ut posteri quoque aut errent similiter aut iudicent. Vale.

41 (7.9; gekürzt)
Stil-Übungen

C. PLINIUS FUSCO SUO S.

1 Quaeris, quemadmodum in secessu, quo iam diu frueris, putem te studere oportere.

2 Utile in primis, et multi praecipiunt, vel ex Graeco in Latinum vel ex Latino vertere in Graecum. Quo genere exercitationis proprietas splendorque verborum, copia figurarum, vis explicandi, praeterea imitatione optimorum similia inveniendi facultas paratur. Simul, quae legentem fefellissent, transferentem fugere non possunt. Intellegentia ex hoc et iudicium adquiritur.

3 Nihil offuerit, quae legeris hactenus, ut rem argumentumque teneas, quasi aemulum scribere lectisque confer-

re ac sedulo pensitare, quid tu, quid ille commodius. Ma-
gna gratulatio, si non nulla tu, magnus pudor, si cuncta
ille melius. Licebit interdum et notissima eligere et certa-
re cum electis. Audax haec, non tamen improba, quia se- 4
creta contentio; quamquam multos videmus eius modi
certamina sibi cum multa laude sumpsisse, quosque sub-
sequi satis habebant, dum non desperant, antecessisse. [...]

Volo interdum aliquem ex historia locum adprendas, 8
volo epistulam diligentius scribas. Nam saepe in oratione
quoque non historica modo, sed prope poetica descriptio-
num necessitas incidit, et pressus sermo purusque ex epis-
tulis petitur.

Fas est et carmine remitti, non dico continuo et longo 9
(id enim perfici nisi in otio non potest), sed hoc arguto et
brevi, quod apte quantas libet occupationes curasque dis-
tinguit. Lusus vocantur; sed hi lusus non minorem inter- 10
dum gloriam quam seria consequuntur. [...]

Itaque summi oratores, summi etiam viri sic se exerce- 12
bant aut delectabant, immo delectabant exercebantque.
Nam mirum est, ut his opusculis animus intendatur, remit- 13
tatur. Recipiunt enim amores, odia, iras, misericordiam,
urbanitatem, omnia denique, quae in vita atque etiam in
foro causisque versantur. Inest his quoque eadem quae 14
aliis carminibus utilitas, quod metri necessitate devincti
soluta oratione laetamur, et, quod facilius esse compara-
tio ostendit, libentius scribimus.

Habes plura etiam fortasse, quam requirebas; unum ta- 15
men omisi; non enim dixi, quae legenda arbitrarer, quam-
quam dixi, cum dicerem, quae scribenda. Tu memineris
sui cuiusque generis auctores diligenter eligere. Aiunt
enim multum legendum esse, non multa. Qui sint hi, adeo 16
notum probatumque est, ut demonstratione non egeat; et
alioqui tam immodice epistulam extendi, ut, dum tibi,

quemadmodum studere debeas, suadeo, studendi tempus abstulerim. Quin ergo pugillares resumis et aliquid ex his vel istud ipsum, quod coeperas, scribis? Vale.

42 (8.21)

Pflicht und Vergnügen

C. PLINIUS ARRIANO SUO S.

1 Ut in vita sic in studiis pulcherrimum et humanissimum existimo severitatem comitatemque miscere, ne illa in tristitiam, haec in petulantiam excedat.

2 Qua ratione ductus graviora opera lusibus iocisque distinguo. Ad hos proferendos et tempus et locum opportunissimum elegi, utque iam nunc adsuescerent et ab otiosis et in triclinio audiri, Iulio mense, quo maxime lites interquiescunt, positis ante lectos cathedris amicos collocavi.

3 Forte accidit, ut eodem die mane in advocationem subitam rogarer, quod mihi causam praeloquendi dedit. Sum enim deprecatus, ne quis ut inreverentem operis argueret, quod recitaturus, quamquam et amicis et paucis, id est iterum amicis, foro et negotiis non abstinuissem. Addidi hunc ordinem me et in scribendo sequi, ut necessitates voluptatibus, seria iucundis anteferrem ac primum amicis, tum mihi scriberem.

4 Liber fuit et opusculis varius et metris. Ita solemus, qui
ingenio parum fidimus, satietatis periculum fugere. Reci-
tavi biduo; hoc adsensus audientium exegit. Et tamen, ut
alii transeunt quaedam imputantque, quod transeant, sic
ego nihil praetereo atque etiam non praeterire me dico.
Lego enim omnia, ut omnia emendem, quod contingere
5 non potest electa recitantibus. At illud modestius et fortas-
se reverentius; sed hoc simplicius et amantius. Amat enim,
qui se sic amari putat, ut taedium non pertimescat. Et alio-
qui quid praestant sodales, si conveniunt voluptatis suae

causa? Delicatus ac similis ignoto est, qui amici librum bonum mavult audire quam facere.

Non dubito cupere te pro cetera mei caritate quam 6
maturissime legere hunc adhuc musteum librum. Leges, sed retractatum, quae causa recitandi fuit; et tamen non nulla iam ex eo nosti. Haec vel emendata postea vel, quod interdum longiore mora solet, deteriora facta quasi nova rursus et rescripta cognosces. Nam plerisque mutatis ea quoque mutata videntur, quae manent. Vale.

43 (9.11)
Schriftstellerischer Erfolg

C. PLINIUS GEMINO SUO S.

Epistulam tuam iucundissimam accepi, eo maxime, 1
quod aliquid ad te scribi volebas, quod libris inseri posset. Obveniet materia vel haec ipsa, quam monstras, vel potior alia. Sunt enim in hac offendicula non nulla; circumfer oculos et occurrent.

Bibliopolas Lugduni esse non putabam ac tanto libenti- 2
us ex litteris tuis cognovi venditari libellos meos, quibus peregre manere gratiam, quam in urbe collegerint, delector. Incipio enim satis absolutum existimare, de quo tanta diversitate regionum discreta hominum iudicia consentiunt. Vale.

44 (9.23)
Gleichstellung mit Tacitus

C. PLINIUS MAXIMO SUO S.

Frequenter agenti mihi evenit, ut centumviri, cum diu 1
se intra iudicum auctoritatem gravitatemque tenuissent, omnes repente quasi victi coactique consurgerent laudarentque; frequenter e senatu famam, qualem maxime op- 2
taveram, rettuli: numquam tamen maiorem cepi volupta-

tem quam nuper ex sermone Corneli Taciti. Narrabat se-
disse secum circensibus proximis equitem Romanum.
Hunc post varios eruditosque sermones requisisse: „Itali-
cus es an provincialis?“ Se respondisse: „Nosti me et qui-
3 dem ex studiis.“ Ad hoc illum: „Tacitus es an Plinius?“ Ex-
primere non possum, quam sit iucundum mihi, quod no-
mina nostra quasi litterarum propria, non hominum, lit-
teris redduntur, quod uterque nostrum his etiam ex stu-
diis notus, quibus aliter ignotus est.
4 Accidit aliud ante pauculos dies simile. Recumbebat
mecum vir egregius, Fadius Rufinus, super eum municeps
ipsius, qui illo die primum venerat in urbem; cui Rufinus
demonstrans me: „Vides hunc?“ Multa deinde de studiis
5 nostris, et ille: „Plinius est“ inquit. Verum fatebor, capio
magnum laboris mei fructum. An, si Demosthenes iure
laetatus est, quod illum anus Attica ita noscitavit: „Οὗτός
ἐστι Δημοσθένης“, ego celebritate nominis mei gaudere
6 non debeo? Ego vero et gaudeo et gaudere me dico. Ne-
que enim vereor, ne iactantior videar, cum de me aliorum
iudicium, non meum profero, praesertim apud te, qui nec
ullius invides laudibus et faves nostris. Vale.

2.2. Kollegen

45 (3.21)

Der Tod Martials

C. PLINIUS CORNELIO PRISCO SUO S.

1 Audio Valerium Martialem decessisse et moleste fero.
Erat homo ingeniosus, acutus, acer et qui plurimum in
scribendo et salis haberet et fellis, nec candoris minus.
2 Prosecutus eram viatico secedentem; dederam hoc ami-
citiae, dederam etiam versiculis, quos de me composuit.

Fuit moris antiqui eos, qui vel singulorum laudes vel urbi- 3
um scripserant, aut honoribus aut pecunia ornare; nostris
vero temporibus ut alia speciosa et egregia ita hoc in pri-
mis exolevit. Nam, postquam desimus facere laudanda,
laudari quoque ineptum putamus.

Quaeris, qui sint versiculi, quibus gratiam rettuli? Re- 4
mitterem te ad ipsum volumen, nisi quosdam tenerem; tu,
si placuerint hi, ceteros in libro requires.

Adloquitur Musam, mandat, ut domum meam Esquilis 5
quaerat, adeat reverenter:

Sed ne tempore non tuo disertam
pulses ebria ianuam, videto.
Totos dat tetricae dies Minervae,
dum centum studet auribus virorum
hoc, quod saecula posterique possint
Arpinis quoque comparare chartis.
Seras tutior ibis ad lucernas;
haec hora est tua, cum furit Lyaeus,
cum regnat rosa, cum madent capilli.
Tunc me vel rigidi legant Catones.

Meritone eum, qui haec de me scripsit, et tunc dimisi 6
amicissime et nunc ut amicissimum defunctum esse do-
leo? Dedit enim mihi, quantum maximum potuit, daturus
amplius, si potuisset. Tametsi quid homini potest dari
maius quam gloria et laus et aeternitas? At non erunt ae-
terna, quae scripsit: non erunt fortasse, ille tamen scrip-
sit, tamquam essent futura. Vale.

46 (7.20)

Die Freundschaft mit Tacitus

C. PLINIUS TACITO SUO S.

1 Librum tuum legi et, quam diligentissime potui, adnota-
vi, quae commutanda, quae eximenda arbitrarer. Nam et
ego verum dicere adsuevi et tu libenter audire. Neque
enim ulli patientius reprehenduntur, quam qui maxime
laudari merentur.

2 Nunc a te librum meum cum adnotationibus tuis ex-
specto. O iucundas, o pulchras vices! Quam me delectat,
quod, si qua posteris cura nostri, usquequaque narrabitur,
3 qua concordia, simplicitate, fide vixerimus! Erit rarum et
insigne duos homines aetate, dignitate propemodum
aequales, non nullius in litteris nominis (cogor enim de te
quoque parcius dicere, quia de me simul dico), alterum al-
terius studia fovisse.

4 Equidem adulescentulus, cum iam tu fama gloriaque
floreres, te sequi, tibi „longo, sed proximus intervallo" et
esse et haberi concupiscebam. Et erant multa clarissima
ingenia; sed tu mihi (ita similitudo naturae ferebat) maxi-
5 me imitabilis, maxime imitandus videbaris. Quo magis
gaudeo, quod, si quis de studiis sermo, una nominamur,
quod de te loquentibus statim occurro. Nec desunt, qui
6 utrique nostrum praeferantur. Sed nos, nihil interest mea,
quo loco, iungimur; nam mihi primus, qui a te proximus.
Quin etiam in testamentis debes adnotasse; nisi quis forte
alterutri nostrum amicissimus, eadem legata et quidem
pariter accipimus.

7 Quae omnia huc spectant, ut invicem ardentius diliga-
mus, cum tot vinculis nos studia, mores, fama, suprema
denique hominum iudicia constringant. Vale.

47 (7.33; gekürzt)
Plinius und die Historien des Tacitus

C. PLINIUS TACITO SUO S.

Auguror, nec me fallit augurium, historias tuas immor- 1
tales futuras; quo magis illis (ingenue fatebor) inseri cu-
pio. Nam, si esse nobis curae solet, ut facies nostra ab op- 2
timo quoque artifice exprimatur, nonne debemus optare,
ut operibus nostris similis tui scriptor praedicatorque con-
tingat?

Demonstro ergo, quamquam diligentiam tuam fugere 3
non possit, cum sit in publicis actis, demonstro tamen,
quo magis credas iucundum mihi futurum, si factum
meum, cuius gratia periculo crevit, tuo ingenio, tuo testi-
monio ornaveris.

Dederat me senatus cum Herennio Senecione advoca- 4
tum provinciae Baeticae contra Baebium Massam damna-
toque Massa censuerat, ut bona eius publice custodiren-
tur. Senecio, cum explorasset consules postulationibus va-
caturos, convenit me et „Qua concordia" inquit „iniunc-
tam nobis accusationem exsecuti sumus, hac adeamus
consules petamusque, ne bona dissipari sinant, quorum
esse in custodia debent." [...]

Venimus ad consules; dicit Senecio, quae res ferebat, 7
aliqua subiungo. Vixdum conticueramus, et Massa questus
Senecionem non advocati fidem, sed inimici amaritudi-
nem implesse impietatis reum postulat. Horror omnium; 8
ego autem „Vereor" inquam, „clarissimi consules, ne mihi
Massa silentio suo praevaricationem obiecerit, quod non
et me reum postulavit." Quae vox et statim excepta et pos-
tea multo sermone celebrata est.

Divus quidem Nerva (nam privatus quoque attendebat 9
his, quae recte in publico fierent) missis ad me gravissimis

litteris non mihi solum, verum etiam saeculo est gratulatus, cui exemplum (sic enim scripsit) simile antiquis contigisset.

10 Haec, utcumque se habent, notiora, clariora, maiora tu facies; quamquam non exigo, ut excedas actae rei modum. Nam nec historia debet egredi veritatem et honeste factis veritas sufficit. Vale.

48 (9.14)
Nachruhm

C. PLINIUS TACITO SUO S.

Nec ipse tibi plaudes et ego nihil magis ex fide quam de te scribo. Posteris an aliqua cura nostri, nescio; nos certe meremur, ut sit aliqua, non dico ingenio (id enim superbum), sed studio et labore et reverentia posterorum. Pergamus modo itinere instituto, quod ut paucos in lucem famamque provexit, ita multos e tenebris et silentio protulit. Vale.

49 (9.1)
Veröffentlichungen über Tote

C. PLINIUS MAXIMO SUO S.

1 Saepe te monui, ut libros, quos vel pro te vel in Plantam, immo et pro te et in illum (ita enim materia cogebat) composuisti, quam maturissime emitteres; quod nunc praecipue morte eius audita et hortor et moneo.

2 Quamvis enim legeris multis legendosque dederis, nolo tamen quemquam opinari defuncto demum incohatos, quos incolumi eo peregisti. Salva sit tibi constantiae fama!
3 Erit autem, si notum aequis iniquisque fuerit non post inimici mortem scribendi tibi natam esse fiduciam, sed iam paratam editionem morte praeventam. Et simul vitabis il-
4 lud οὐχ ὁσίη φϑιμένοισι. Nam, quod de vivente scrip-

tum, de vivente recitatum est, in defunctum quoque tamquam viventem adhuc editur, si editur statim.

Igitur si quid aliud in manibus, interim differ; hoc perfice, quod nobis, qui legimus, olim absolutum videtur. Sed iam videatur et tibi, cuius cunctationem nec res ipsa desiderat et temporis ratio praecidit. Vale.

50 (3.5; gekürzt)
Werk und Lebensweise des Älteren Plinius

C. PLINIUS BAEBIO MACRO SUO S.

Pergratum est mihi, quod tam diligenter libros avuncu- 1
li mei lectitas, ut habere omnes velis quaerasque, qui sint
omnes. Fungar indicis partibus atque etiam, quo sint or- 2
dine scripti, notum tibi faciam; est enim haec quoque studiosis non iniucunda cognitio.

„De iaculatione equestri unus“; hunc, cum praefectus 3
alae militaret, pari ingenio curaque composuit. „De vita Pomponi Secundi duo“; a quo singulariter amatus hoc memoriae amici quasi debitum munus exsolvit.

„Bellorum Germaniae viginti“; quibus omnia, quae cum 4
Germanis gessimus bella, collegit. [...]

„Studiosi tres“, in sex volumina propter amplitudinem 5
divisi, quibus oratorem ab incunabulis instituit et perficit. „Dubii sermonis octo“; scripsit sub Nerone novissimis annis, cum omne studiorum genus paulo liberius et erectius
periculosum servitus fecisset. „A fine Aufidi Bassi triginta 6
unus.“ „Naturae historiarum triginta septem“, opus diffusum, eruditum nec minus varium quam ipsa natura.

Miraris, quod tot volumina multaque in his tam scrupu- 7
losa homo occupatus absolverit? Magis miraberis, si scieris illum aliquamdiu causas actitasse, decessisse anno sexto et quinquagensimo, medium tempus distentum impeditumque qua officiis maximis qua amicitia principum

8 egisse. Sed erat acre ingenium, incredibile studium, sum-
ma vigilantia. Lucubrare Vulcanalibus incipiebat non au-
spicandi causa, sed studendi, statim a nocte multa, hieme
vero ab hora septima vel, cum tardissime, octava, saepe
sexta. Erat sane somni paratissimi, non numquam etiam
inter ipsa studia instantis et deserentis.

9 Ante lucem ibat ad Vespasianum imperatorem (nam ille
quoque noctibus utebatur), inde ad delegatum sibi offici-
um. Reversus domum, quod reliquum temporis, studiis
10 reddebat. Post cibum saepe (quem interdiu levem et faci-
lem veterum more sumebat) aestate, si quid otii, iacebat in
sole, liber legebatur, adnotabat excerpebatque. Nihil enim
legit, quod non excerperet; dicere etiam solebat nullum
esse librum tam malum, ut non aliqua parte prodesset.

11 Post solem plerumque frigida lavabatur, deinde gusta-
bat dormiebatque minimum; mox quasi alio die studebat
in cenae tempus. Super hanc liber legebatur, adnotabatur
et quidem cursim. [...]

13 Surgebat aestate a cena luce, hieme intra primam noc-
tis et tamquam aliqua lege cogente.

14 Haec inter medios labores urbisque fremitum. In seces-
su solum balinei tempus studiis eximebatur (cum dico ba-
linei, de interioribus loquor; nam, dum destringitur tergi-
15 turque, audiebat aliquid aut dictabat). In itinere quasi so-
lutus ceteris curis huic uni vacabat: ad latus notarius cum
libro et pugillaribus, cuius manus hieme manicis munie-
bantur, ut ne caeli quidem asperitas ullum studii tempus
eriperet; qua ex causa Romae quoque sella vehebatur. Re-
16 peto me correptum ab eo, cur ambularem. „Poteras“ in-
quit „has horas non perdere“; nam perire omne tempus
arbitrabatur, quod studiis non impenderetur. [...]

18 Nonne videtur tibi recordanti, quantum legerit, quan-
tum scripserit, nec in officiis ullis nec in amicitia principis

fuisse, rursus, cum audis, quid studiis laboris impenderit,
nec scripsisse satis nec legisse? Quid est enim, quod non
aut illae occupationes impedire aut haec instantia non
possit efficere? Itaque soleo ridere, cum me quidam stu- 19
diosum vocant, qui, si comparer illi, sum desidiosissimus.
Ego autem tantum, quem partim publica, partim ami-
corum officia distringunt? Quis ex istis, qui tota vita litte-
ris adsident, collatus illi non quasi somno et inertiae dedi-
tus erubescat?

Extendi epistulam, cum hoc solum, quod requirebas, 20
scribere destinassem, quos libros reliquisset; confido ta-
men haec quoque tibi non minus grata quam ipsos libros
futura, quae te non tantum ad legendos eos, verum etiam
ad simile aliquid elaborandum possunt aemulationis sti-
mulis excitare. Vale.

2.3. Literaturbetrieb

51 (7.17)

Zweck und Wert öffentlicher Vorlesungen

C. PLINIUS CELERI SUO S.

Sua cuique ratio recitandi; mihi, quod saepe iam dixi, 1
ut, si quid me fugit (ut certe fugit) admonear. Quo magis 2
miror, quod scribis fuisse quosdam, qui reprehenderent,
quod orationes omnino recitarem; nisi vero has solas non
putant emendandas.

A quibus libenter requisierim, cur concedant (si conce- 3
dunt tamen) historiam debere recitari, quae non ostentatio-
ni, sed fidei veritatique componitur, cur tragoediam, quae
non auditorium, sed scaenam et actores, cur lyrica, quae
non lectorem, sed chorum et lyram poscunt. At horum

4 recitatio usu iam recepta est. Num ergo culpandus est ille,
qui coepit? Quamquam orationes quoque et nostri qui-
dam et Graeci lectitaverunt.
5 Supervacuum tamen est recitare, quae dixeris. Etiam, si
eadem omnia, si isdem omnibus, si statim recites; si vero
multa inseras, multa commutes, si quosdam novos, quos-
dam eosdem, sed post tempus adsumas, cur minus proba-
bilis sit causa recitandi, quae dixeris, quam edendi?
6 Sed difficile est, ut oratio, dum recitatur, satisfaciat. Iam
hoc ad laborem recitantis pertinet, non ad rationem non
7 recitandi. Nec vero ego, dum recito, laudari, sed dum le-
gor, cupio. Itaque nullum emendandi genus omitto. Ac
primum, quae scripsi, mecum ipse pertracto; deinde duo-
bus aut tribus lego; mox aliis trado adnotanda notasque
eorum, si dubito, cum uno rursus aut altero pensito; no-
vissime pluribus recito ac, si quid mihi credis, tunc acerri-
8 me emendo. Nam tanto diligentius, quanto sollicitius in-
tendo. Optime autem reverentia, pudor, metus iudicant,
idque adeo sic habe: Nonne si locutus es cum aliquo
quamlibet docto, uno tamen, minus commoveris, quam si
9 cum multis vel indoctis? Nonne, cum surgis ad agendum,
tunc maxime tibi ipse diffidis, tunc commutata, non dico
plurima, sed omnia cupis? Utique si latior scaena et coro-
na diffusior; nam illos quoque sordidos pullatosque reve-
10 remur. Nonne, si prima quaeque improbari putas, debili-
taris et concidis? Opinor, quia in numero ipso est quod-
dam magnum collatumque consilium, quibusque singulis
iudicii parum, omnibus plurimum.
11 Itaque Pomponius Secundus, hic scriptor tragoediarum,
si quid forte familiarior amicus tollendum, ipse retinen-
dum arbitraretur, dicere solebat: „Ad populum provoco“
atque ita ex populi vel silentio vel adsensu aut suam aut
12 amici sententiam sequebatur. Tantum ille populo dabat.

Recte an secus, nihil ad me. Ego enim non populum ad-
vocare, sed certos electosque soleo, quos intuear, quibus
credam, quos denique et tamquam singulos observem et
tamquam non singulos timeam. Nam, quod M. Cicero de 13
stilo, ego de metu sentio. Timor est, timor emendator
asperrimus. Hoc ipsum, quod nos recitaturos cogitamus,
emendat; quod auditorium ingredimur, emendat; quod
pallemus, horrescimus, circumspicimus, emendat.

Proinde non paenitet me consuetudinis meae, quam 14
utilissimam experior, adeoque non deterreor sermunculis
istorum, ut ultro te rogem, monstres aliquid, quod his ad-
dam. Nihil enim curae meae satis est. Cogito, quam sit 15
magnum dare aliquid in manus hominum, nec persuade-
re mihi possum non et cum multis et saepe tractandum,
quod placere et semper et omnibus cupias. Vale.

52 (1.13)

Dichterlesungen

C. PLINIUS SOSIO SENECIONI SUO S.

Magnum proventum poetarum annus hic attulit; toto 1
mense Aprili nullus fere dies, quo non recitaret aliquis.
Iuvat me, quod vigent studia, proferunt se ingenia homi-
num et ostentant, tametsi ad audiendum pigre coitur.

Plerique in stationibus sedent tempusque audiendi fa- 2
bulis conterunt ac subinde sibi nuntiari iubent, an iam
recitator intraverit, an dixerit praefationem, an ex magna
parte evolverit librum; tum demum ac tunc quoque lente
cunctanterque veniunt; nec tamen permanent, sed ante
finem recedunt alii dissimulanter et furtim, alii simpliciter
et libere.

At hercule memoria parentum Claudium Caesarem fe- 3
runt, cum in Palatio spatiaretur audissetque clamorem,
causam requisisse, cumque dictum esset recitare Nonia-

4 num, subitum recitanti inopinatumque venisse. Nunc otio-
sissimus quisque multo ante rogatus et identidem admo-
nitus aut non venit aut, si venit, queritur se diem (quia
5 non perdiderit) perdidisse. Sed tanto magis laudandi pro-
bandique sunt, quos a scribendi recitandique studio haec
auditorum vel desidia vel superbia non retardat.

Equidem prope nemini defui. Erant sane plerique ami-
ci; neque enim est fere quisquam, qui studia, ut non simul
6 et nos amet. His ex causis longius, quam destinaveram,
tempus in urbe consumpsi. Possum iam repetere secessum
et scribere aliquid, quod non recitem, ne videar, quorum
recitationibus adfui, non auditor fuisse, sed creditor. Nam
ut in ceteris rebus ita in audiendi officio perit gratia, si
reposcatur. Vale.

53 (6.17)

Verhalten gegenüber anderen Literaten

C. PLINIUS RESTITUTO SUO S.

1 Indignatiunculam, quam in cuiusdam amici auditorio
cepi, non possum mihi temperare, quo minus apud te,
quia non contigit coram, per epistulam effundam.

2 Recitabatur liber absolutissimus. Hunc duo aut tres, ut
sibi et paucis videntur, diserti surdis mutisque similes au-
diebant. Non labra diduxerunt, non moverunt manum,
non denique adsurrexerunt, saltem lassitudine sedendi.
3 Quae tanta gravitas? Quae tanta sapientia? Quae immo
pigritia, adrogantia, sinisteritas ac potius amentia, in hoc
totum diem impendere, ut offendas, ut inimicum relin-
quas, ad quem tamquam amicissimum veneris? Disertior
4 ipse es? Tanto magis ne invideris; nam qui invidet, minor
est. Denique, sive plus sive minus sive idem praestas, lau-
da vel inferiorem vel superiorem vel parem: superiorem,
quia, nisi laudandus ille, non potes ipse laudari, inferio-

rem aut parem, quia pertinet ad tuam gloriam quam ma-
ximum videri, quem praecedis vel exaequas.
Equidem omnes, qui aliquid in studiis faciunt, venerari 5
etiam mirarique soleo. Est enim res difficilis, ardua, fasti-
diosa et quae eos, a quibus contemnitur, invicem contem-
nat. Nisi forte aliud iudicas tu. Quamquam quis uno te
reverentior huius operis, quis benignior aestimator? Qua 6
ratione ductus tibi potissimum indignationem meam
prodidi, quem habere socium maxime poteram. Vale.

3. Plinius als Jurist

54 (2.11)

Prozess gegen Marius Priscus

C. PLINIUS ARRIANO SUO S.

Solet esse gaudio tibi, si quid acti est in senatu dignum 1
ordine illo. Quamvis enim quietis amore secesseris, insidet
tamen animo tuo maiestatis publicae cura. Accipe ergo,
quod per hos dies actum est personae claritate famosum,
severitate exempli salubre, rei magnitudine aeternum.

Marius Priscus accusantibus Afris, quibus pro consule 2
praefuit, omissa defensione iudices petiit. Ego et Corneli-
us Tacitus, adesse provincialibus iussi, existimavimus fidei
nostrae convenire notum senatui facere excessisse Pris-
cum immanitate et saevitia crimina, quibus dari iudices
possent, cum ob innocentes condemnandos, interficien-
dos etiam pecunias accepisset.

Respondit Fronto Catius deprecatusque est, ne quid ul- 3
tra repetundarum legem quaereretur omniaque actionis
suae vela vir movendarum lacrimarum peritissimus quo-
dam velut vento miserationis implevit.

4 Magna contentio, magni utrimque clamores, aliis cogni-
tionem senatus lege conclusam, aliis liberam solutamque
dicentibus, quantumque admisisset reus, tantum vindican-
5 dum. Novissime consul designatus Iulius Ferox vir rectus
et sanctus, Mario quidem iudices interim censuit dandos,
evocandos autem, quibus diceretur innocentium poenas
6 vendidisse. Quae sententia non praevaluit modo, sed
omnino post tantas dissensiones fuit sola frequens, adno-
tatumque experimentis, quod favor et misericordia acres
et vehementes primos impetus habent, paulatim consilio
7 et ratione quasi restincta considunt. Unde evenit, ut, quod
multi clamore permixto tuentur, nemo tacentibus ceteris
dicere velit; patescit enim, cum separaris a turba, contemp-
latio rerum, quae turba teguntur.

8 Venerunt, qui adesse erant iussi, Vitellius Honoratus et
Flavius Marcianus; ex quibus Honoratus trecentis milibus
exsilium equitis Romani septemque amicorum eius ul-
timam poenam, Marcianus unius equitis Romani septin-
gentis milibus plura supplicia arguebatur emisse; erat
enim fustibus caesus, damnatus in metallum, strangulatus
9 in carcere. Sed Honoratum cognitioni senatus mors op-
portuna subtraxit, Marcianus inductus est absente Prisco.
Itaque Tuccius Cerialis consularis iure senatorio postula-
vit, ut Priscus certior fieret, sive quia miserabiliorem, sive
quia invidiosiorem fore arbitrabatur, si praesens fuisset,
sive, quod maxime credo, quia aequissimum erat commu-
ne crimen ab utroque defendi et, si dilui non potuisset, in
utroque puniri.

10 Dilata res est in proximum senatum, cuius ipse conspec-
tus augustissimus fuit. Princeps praesidebat (erat enim
consul); ad hoc Ianuarius mensis cum cetera tum praeci-
pue senatorum frequentia celeberrimus; praeterea causae
amplitudo auctaque dilatione exspectatio et fama insitum-

que mortalibus studium magna et inusitata noscendi om-
nes undique exciverat.

Imaginare, quae sollicitudo nobis, qui metus, quibus 11
super tanta re in illo coetu praesente Caesare dicendum
erat. Equidem in senatu non semel egi, quin immo nus-
quam audiri benignius soleo, tunc me tamen ut nova om-
nia novo metu permovebant. Obversabatur praeter illa, 12
quae supra dixi, causae difficultas; stabat modo consula-
ris, modo septemvir epulonum, iam neutrum. Erat ergo 13
perquam onerosum accusare damnatum, quem ut preme-
bat atrocitas criminis, ita quasi peractae damnationis mi-
seratio tuebatur.

Utcumque tamen animum cogitationemque collegi, coe- 14
pi dicere non minore audientium adsensu quam sollicitu-
dine mea. Dixi horis paene quinque. Nam duodecim cle-
psydris, quas spatiosissimas acceperam, sunt additae quat-
tuor. Adeo illa ipsa, quae dura et adversa dicturo videban-
tur, secunda dicenti fuerunt.

Caesar quidem tantum mihi studium, tantam etiam cu- 15
ram (nimium est enim dicere sollicitudinem) praestitit, ut
libertum meum post me stantem saepius admoneret, voci
laterique consulerem, cum me vehementius putaret inten-
di, quam gracilitas mea perpeti posset. Respondit mihi
pro Marciano Claudius Marcellinus. Missus deinde sena- 16
tus et revocatus in posterum; neque enim iam incohari pot-
erat actio, nisi ut noctis interventu scinderetur.

Postero die dixit pro Mario Salvius Liberalis, vir subtilis,
dispositus, acer, disertus; in illa vero causa omnes artes 17
suas protulit. Respondit Cornelius Tacitus eloquentissime
et, quod eximium orationi eius inest, σεμνῶς. Dixit pro
Mario rursus Fronto Catius insigniter, utque iam locus ille 18
poscebat, plus in precibus temporis quam in defensione
consumpsit. Huius actionem vespera inclusit, non tamen

sic, ut abrumperet. Itaque in tertium diem probationes
exierunt. Iam hoc ipsum pulchrum et antiquum, senatum
nocte dirimi, triduo vocari, triduo contineri.

Cornutus Tertullus, consul designatus, vir egregius et
19 pro veritate firmissimus, censuit septingenta milia, quae
acceperat Marius, aerario inferenda, Mario urbe Italiaque
interdicendum, Marciano hoc amplius Africa. In fine sen-
tentiae adiecit, quod ego et Tacitus iniuncta advocatione
diligenter et fortiter functi essemus, arbitrari senatum ita
nos fecisse, ut dignum mandatis partibus fuerit.

Adsenserunt consules designati, omnes etiam consula-
20 res usque ad Pompeium Collegam; ille et septingenta mi-
lia aerario inferenda et Marcianum in quinquennium re-
legandum. Marium repetundarum poenae, quam iam pas-
sus esset, censuit relinquendum. Erant in utraque senten-
21 tia multi, fortasse etiam plures in hac vel solutiore vel
molliore. Nam quidam ex illis quoque, qui Cornuto vide-
bantur adsensi, hunc, qui post ipsos censuerat, sequeban-
22 tur. Sed cum fieret discessio, qui sellis consulum ad-
stiterant, in Cornuti sententiam ire coeperunt. Tum illi,
qui se Collegae adnumerari patiebantur, in diversum trans-
ierunt, Collega cum paucis relictus. Multum postea de im-
pulsoribus suis, praecipue de Regulo questus est, qui se in
sententia, quam ipse dictaverat, deseruisset. Est alioqui
Regulo tam mobile ingenium, ut plurimum audeat, pluri-
mum timeat.

23 Hic finis cognitionis amplissimae. Super est tamen
λιτούργιον non leve: Hostilius Firminus, legatus Mari Pris-
ci, qui permixtus causae graviter vehementerque vexatus
est. Nam et rationibus Marciani et sermone, quem ille ha-
buerat in ordine Lepcitanorum, operam suam Prisco ad
turpissimum ministerium commodasse stipulatusque de
Marciano quinquaginta milia denariorum probabatur,

ipse praeterea accepisse sestertia decem milia, foedissimo
quidem titulo, nomine unguentarii, qui titulus a vita ho-
minis compti semper et pumicati non abhorrebat. Placuit 24
censente Cornuto referri de eo proximo senatu; tunc
enim, casu an conscientia, afuerat.

Habes res urbanas; invicem rusticas scribe. Quid arbus- 25
culae tuae, quid vineae, quid segetes agunt, quid oves
delicatissimae? In summa, nisi aeque longam epistulam
reddis, non est, quod postea nisi brevissimam exspectes.
Vale.

55 (2.12)

Nachspiel des vorigen Prozesses

C. PLINIUS ARRIANO SUO S.

Λιτούργιον illud, quod superesse Mari Prisci causae pro- 1
xime scripseram, nescio an satis, circumcisum tamen et
adrasum est. Firminus inductus in senatum respondit cri- 2
mini noto. Secutae sunt diversae sententiae consulum de-
signatorum. Cornutus Tertullus censuit ordine moven-
dum, Acutius Nerva in sortitione provinciae rationem eius
non habendam. Quae sententia tamquam mitior vicit,
cum sit alioqui durior tristiorque. Quid enim miserius 3
quam exsectum et exemptum honoribus senatoriis labore
et molestia non carere? Quid gravius quam tanta ignomi-
nia adfectum non in solitudine latere, sed in hac altissima
specula conspiciendum se monstrandumque praebere?
Praeterea quid publice minus aut congruens aut decorum? 4
Notatum a senatu in senatu sedere ipsisque illis, a quibus
sit notatus, aequari, summotum a proconsulatu, quia se in
legatione turpiter gesserat, de proconsulibus iudicare
damnatumque sordium vel damnare alios vel absolvere!
Sed hoc pluribus visum est. Numerantur enim sententiae, 5
non ponderantur; nec aliud in publico consilio potest fie-

ri, in quo nihil est tam inaequale quam aequalitas ipsa.
Nam cum sit impar prudentia, par omnium ius est.
6 Implevi promissum priorisque epistulae fidem exsolvi,
quam ex spatio temporis iam recepisse te colligo; nam et
festinanti et diligenti tabellario dedi; nisi quid impedimen-
7 ti in via passus est. Tuae nunc partes, ut primum illam,
deinde hanc remunereris litteris, quales istinc redire uber-
rimae possunt. Vale.

56 (2.14)

Niedergang des römischen Advokatentums

C. PLINIUS MAXIMO SUO S.

1 Verum opinaris: distringor centumviralibus causis, quae
me exercent magis quam delectant. Sunt enim pleraeque
parvae et exiles; raro incidit vel personarum claritate vel
2 negotii magnitudine insignis. Ad hoc pauci, cum quibus
iuvet dicere; ceteri audaces atque etiam magna ex parte
adulescentuli obscuri ad declamandum huc transierunt,
tam inreverenter et temere, ut mihi Atilius noster expresse
dixisse videatur sic in foro pueros a centumviralibus causis
auspicari ut ab Homero in scholis. Nam hic quoque ut illic
3 primum coepit esse, quod maximum est. At hercule ante
memoriam meam (ita maiores natu solent dicere) ne nobi-
lissimis quidem adulescentibus locus erat nisi aliquo consu-
lari producente; tanta veneratione pulcherrimum opus
4 colebatur. Nunc refractis pudoris et reverentiae claustris
omnia patent omnibus nec inducuntur, sed inrumpunt.

Sequuntur auditores actoribus similes, conducti et red-
empti; manceps convenitur; in media basilica tam palam
sportulae quam in triclinio dantur; ex iudicio in iudicium
5 pari mercede transitur. Inde iam non inurbane Σοφοκλεῖς
vocantur ἀπὸ τοῦ σοφῶς καὶ καλεῖσθαι, isdem Latinum
6 nomen impositum est Laudiceni. Et tamen crescit in dies

foeditas utraque lingua notata. Here duo nomenclatores mei (habent sane aetatem eorum, qui nuper togas sumpserint) ternis denariis ad laudandum trahebantur. Tanti constat, ut sis disertissimus. Hoc pretio quamlibet numerosa subsellia implentur, hoc ingens corona colligitur, hoc infiniti clamores commoventur, cum mesochorus dedit signum.

Opus est enim signo apud non intellegentes, ne audien- 7
tes quidem; nam plerique non audiunt, nec ulli magis lau- 8
dant. Si quando transibis per basilicam et voles scire, quo modo quisque dicat, nihil est, quod tribunal ascendas, nihil, quod praebeas aurem; facilis divinatio; scito eum pessime dicere, qui laudabitur maxime.

Primus hunc audiendi morem induxit Larcius Licinus, 9
hactenus tamen, ut auditores corrogaret. Ita certe ex
Quintiliano, praeceptore meo, audisse me memini. Narra- 10
bat ille: „Adsectabar Domitium Afrum. Cum apud centumviros diceret graviter et lente (hoc enim illi actionis genus erat), audit ex proximo immodicum insolitumque clamorem. Admiratus reticuit. Ubi silentium factum est,
repetit, quod abruperat. Iterum clamor, iterum reticuit et 11
post silentium coepit. Idem tertio. Novissime, quis diceret, quaesiit. Responsum est: „Licinus." Tum intermissa causa „Centumviri," inquit, „hoc artificium periit."

Quod alioqui perire incipiebat, cum perisse Afro vide- 12
retur, nunc vero prope funditus exstinctum et eversum est. Pudet referre, quae quam fracta pronuntiatione dicantur,
quibus quam teneris clamoribus excipiantur. Plausus tan- 13
tum ac potius sola cymbala et tympana illis canticis desunt; ululatus quidem (neque enim alio vocabulo potest exprimi theatris quoque indecora laudatio) large supersunt.

Nos tamen adhuc et utilitas amicorum et ratio aetatis 14
moratur ac retinet; veremur enim, ne forte non has in-

dignitates reliquisse, sed laborem fugisse videamur. Sumus tamen solito rariores, quod initium est gradatim desinendi. Vale.

57 (4.10)

Auslegung eines Testments

C. PLINIUS STATIO SABINO SUO S.

1 Scribis mihi Sabinam, quae nos reliquit heredes, Modestum, servum suum, nusquam liberum esse iussisse, eidem tamen sic adscripsisse legatum: „Modesto, quem liberum esse iussi." Quaeris, quid sentiam.

2 Contuli cum peritis iuris. Convenit inter omnes nec libertatem deberi, quia non sit data, nec legatum, quia servo suo dederit. Sed mihi manifestus error videtur ideoque puto nobis, quasi scripserit Sabina, faciendum, quod ipsa scripsisse se credidit.

3 Confido accessurum te sententiae meae, cum religiosissime soleas custodire defunctorum voluntatem, quam bonis heredibus intellexisse pro iure est. Neque enim minus
4 apud nos honestas quam apud alios necessitas valet. Moretur ergo in libertate sinentibus nobis, fruatur legato, quasi omnia diligentissime caverit. Cavit enim, quae heredes bene elegit. Vale.

58 (5.1)

Prüfung eines Testaments

C. PLINIUS ANNIO SEVERO SUO S.

1 Legatum mihi obvenit modicum, sed amplissimo gratius. Cur amplissimo gratius?

Pomponia Galla exheredato filio Asudio Curiano heredem reliquerat me, dederat coheredes Sertorium Severum, praetorium virum, aliosque splendidos equites
2 Romanos. Curianus orabat, ut sibi donarem portionem

meam seque praeiudicio iuvarem; eandem tacita conven-
tione salvam mihi pollicebatur. Respondebam non conve- 3
nire moribus meis aliud palam, aliud agere secreto, prae-
terea non esse satis honestum donare et locupleti et orbo;
in summa non profuturum ei, si donassem, profuturum,
si cessissem, esse autem me paratum cedere, si inique ex-
heredatum mihi liqueret.

Ad hoc ille: „Rogo cognoscas." Cunctatus paulum „Fa- 4
ciam" inquam; „neque enim video, cur ipse me minorem
putem, quam tibi videor. Sed iam nunc memento non de-
futuram mihi constantiam, si ita fides duxerit, secundum
matrem tuam pronuntiandi." „Ut voles" ait; „voles enim,
quod aequissimum."

Adhibui in consilium duos, quos tunc civitas nostra 5
spectatissimos habuit, Corellium et Frontinum. His cir-
cumdatus in cubiculo meo sedi. Dixit Curianus, quae pro
se putabat. Respondi paucis ego (neque enim aderat ali- 6
us, qui defunctae pudorem tueretur); deinde secessi et ex
consilii sententia „Videtur" inquam, „Curiane, mater tua
iustas habuisse causas irascendi tibi."

Post hoc ille cum ceteris subscripsit centumvirale iudi-
cium, non subscripsit mecum. Adpetebat iudicii dies. Co- 7
heredes mei componere et transigere cupiebant non diffi-
dentia causae, sed metu temporum. Verebantur, quod vi-
debant multis accidisse, ne ex centumvirali iudicio capitis
rei exirent. Et erant quidam in illis, quibus obici et Gratil- 8
lae amicitia et Rustici posset. Rogant me, ut cum Curiano
loquar.

Convenimus in aedem Concordiae. Ibi ego „Si mater" 9
inquam „te ex parte quarta scripsisset heredem, num que-
ri posses? Quid si heredem quidem instituisset ex asse, sed
legatis ita exhausisset, ut non amplius apud te quam quar-
ta remaneret? Igitur sufficere tibi debet, si exheredatus a

matre quartam partem ab heredibus eius accipias, quam
10 tamen ego augebo. Scis te non subscripsisse mecum et
iam biennium transisse omniaque me usu cepisse. Sed ut
te coheredes mei tractabiliorem experiantur utque tibi
nihil abstulerit reverentia mei, offero pro mea parte
tantundem.“ Tuli fructum non conscientiae modo, verum
11 etiam famae. Ille ergo Curianus legatum mihi reliquit et
factum meum, nisi forte blandior mihi, antiquum notabili
honore signavit.

12 Haec tibi scripsi, quia de omnibus, quae me vel delec-
tant vel angunt, non aliter tecum quam mecum loqui so-
leo, deinde quod durum existimabam te amantissimum
13 mei fraudare voluptate, quam ipse capiebam. Neque enim
sum tam sapiens, ut nihil mea intersit, an iis, quae hones-
te fecisse me credo, testificatio quaedam et quasi praemi-
um accedat. Vale.

59 (5.9)

Verbot der Honorierung von Rechtsanwälten

C. PLINIUS SEMPRONIO RUFO SUO S.

1 Descenderam in basilicam Iuliam auditurus, quibus pro-
2 xima comperendinatione respondere debebam. Sedebant
iudices, decemviri venerant, obversabantur advocati, silen-
tium longum; tandem a praetore nuntius. Dimittuntur
centumviri, eximitur dies me gaudente, qui numquam ita
paratus sum, ut non mora laeter.

3 Causa dilationis Nepos praetor, qui legibus quaerit. Pro-
posuerat breve edictum, admonebat accusatores, admone-
bat reos executurum se, quae senatus consulto contine-
4 rentur. Suberat edicto senatus consultum: hoc omnes, qui
quid negotii haberent, iurare, prius quam agerent, iube-
bantur nihil se ob advocationem cuiquam dedisse, promi-
sisse, cavisse. His enim verbis ac mille praeterea et venire

advocationes et emi vetabantur. Peractis tamen negotiis
permittebatur pecuniam dumtaxat decem milium dare.

Hoc facto Nepotis commotus praetor, qui centumvirali- 5
bus praesidet, deliberaturus, an sequeretur exemplum,
inopinatum nobis otium dedit.

Interim tota civitate Nepotis edictum carpitur, laudatur. 6
Multi: „Invenimus, qui curva corrigeret. Quid? Ante hunc
praetores non fuerunt? Quis autem hic est, qui emendet
publicos mores?“ Alii contra: „Rectissime fecit; initurus
magistratum iura cognovit, senatus consulta legit, reprimit
foedissimas pactiones, rem pulcherrimam turpissime veni-
re non patitur.“ Tales ubique sermones, qui tamen alter- 7
utram in partem ex eventu praevalebunt. Est omnino in-
iquum, sed usu receptum, quod honesta consilia vel tur-
pia, prout male aut prospere cedunt, ita vel probantur vel
reprehenduntur. Inde plerumque eadem facta modo, di-
ligentiae modo vanitatis, modo libertatis, modo furoris
nomen accipiunt. Vale.

60 (6.29; gekürzt)

Kriterien für die Übernahme von Prozessen

C. PLINIUS QUADRATO SUO S.

Avidius Quietus, qui me unice dilexit et (quo non minus 1
gaudeo) probavit, ut multa alia Thraseae (fuit enim fami-
liaris) ita hoc saepe referebat, praecipere solitum suscipi-
endas esse causas aut amicorum destitutas aut ad exemp-
lum pertinentes. Cur amicorum, non eget interpretatione. 2
Cur destitutas? Quod in illis maxime et constantia agentis
et humanitas cerneretur. Cur pertinentes ad exemplum?
Quia plurimum referret, bonum an malum induceretur.

Ad haec ego genera causarum ambitiose fortasse addam 3
tamen claras et inlustres. Aequum est enim agere non
numquam gloriae et famae, id est suam causam. Hos ter-

minos, quia me consuluisti, dignitati ac verecundiae tuae statuo. [...]

61 (6.31; gekürzt)

Plinius zu Gast beim Princeps

C. PLINIUS CORNELIANO SUO S.

1 Evocatus in consilium a Caesare nostro ad Centum Cel-
2 las (hoc loco nomen), magnam cepi voluptatem. Quid
enim iucundius, quam principis iustitiam, gravitatem, co-
mitatem in secessu quoque, ubi maxime recluduntur, in-
spicere? Fuerunt variae cognitiones et quae virtutes iudi-
cis per plures species experirentur.

3 Dixit causam Claudius Ariston, princeps Ephesiorum, homo munificus et innoxie popularis. Inde invidia et a dissimillimis delator immissus; itaque absolutus vindicatusque est.

4 Sequenti die audita est Gallitta adulterii rea. Nupta haec
tribuno militum honores petituro et suam et mariti digni-
tatem centurionis amore maculaverat. Maritus legato con-
5 sulari, ille Caesari scripserat. Caesar excussis probationi-
bus centurionem exauctoravit atque etiam relegavit. Superer-
at crimini, quod nisi duorum esse non poterat, reliqua
pars ultionis; sed maritum non sine aliqua reprehensione
patientiae amor uxoris retardabat, quam quidem etiam
post delatum adulterium domi habuerat quasi contentus
aemulum removisse.

6 Admonitus, ut perageret accusationem, peregit invitus. Sed illam damnari etiam invito accusatore necesse erat; damnata et Iuliae legis poenis relicta est. [...]

13 Vides, quam honesti, quam severi dies; quos iucundissimae remissiones sequebantur. Adhibebamur cotidie cenae; erat modica, si principem cogitares. Interdum acroamata audiebamus, interdum iucundissimis sermonibus

nox ducebatur. Summo die abeuntibus nobis (tam diligens 14
in Caesare humanitas) xenia sunt missa. Sed mihi ut gra-
vitas cognitionum, consilii honor, suavitas simplicitasque
convictus ita locus ipse periucundus fuit. [...]

4. Plinius und die Politik

62 (4.8)

Antwort auf Glückwünsche zur Verleihung des Augurats

C. PLINIUS MATURO ARRIANO SUO S.

Gratularis mihi, quod acceperim auguratum: iure gra- 1
tularis, primum quod gravissimi principis iudicium in mi-
noribus etiam rebus consequi pulchrum est, deinde quod
sacerdotium ipsum cum priscum et religiosum tum hoc
quoque sacrum plane et insigne est, quod non adimitur
viventi. Nam alia quamquam dignitate propemodum pa- 2
ria ut tribuuntur sic auferuntur; in hoc fortunae hactenus
licet, ut dari possit.

Mihi vero illud etiam gratulatione dignum videtur, quod 3
successi Iulio Frontino, principi viro, qui me nominationis
die per hos continuos annos inter sacerdotes nominabat,
tamquam in locum suum cooptaret; quod nunc eventus
ita comprobavit, ut non fortuitum videretur.

Te quidem, ut scribis, ob hoc maxime delectat augura- 4
tus meus, quod M. Tullius augur fuit. Laetaris enim, quod
honoribus eius insistam, quem aemulari in studiis cupio.
Sed utinam, ut sacerdotium idem, ut consulatum multo 5
etiam iuvenior quam ille sum consecutus, ita senex saltem
ingenium eius aliqua ex parte adsequi possim! Sed ni- 6
mirum, quae sunt in manu hominum, et mihi et multis

contigerunt; illud vero ut adipisci arduum, sic etiam sperare nimium est, quod dari non nisi a dis potest. Vale.

63 (3.20)

Abstimmungsverfahren

C. PLINIUS MAESIO MAXIMO SUO S.

1 Meministine te saepe legisse, quantas contentiones ex-
citarit lex tabellaria, quantumque ipsi latori vel gloriae vel
2 reprehensionis attulerit? At nunc in senatu sine ulla dis-
sensione hoc idem ut optimum placuit; omnes comi-
3 tiorum die tabellas postulaverunt. Excesseramus sane ma-
nifestis illis apertisque suffragiis licentiam contionum.
Non tempus loquendi, non tacendi modestia, non de-
4 nique sedendi dignitas custodiebatur. Magni undique dis-
sonique clamores, procurrebant omnes cum suis candida-
tis, multa agmina in medio multique circuli et indecora
confusio; adeo desciveramus a consuetudine parentum,
apud quos omnia disposita, moderata, tranquilla maies-
tatem loci pudoremque retinebant.

5 Supersunt senes, ex quibus audire soleo hunc ordinem
comitiorum: citato nomine candidati silentium summum;
dicebat ipse pro se, explicabat vitam suam, testes et lauda-
tores dabat vel eum, sub quo militaverat, vel eum, cui
quaestor fuerat, vel utrumque, si poterat, addebat quos-
dam ex suffragatoribus; illi graviter et paucis loquebantur.
6 Plus hoc quam preces proderat. Non numquam candida-
tus aut natales competitoris aut annos aut etiam mores
arguebat. Audiebat senatus gravitate censoria. Ita saepius
digni quam gratiosi praevalebant.

7 Quae nunc immodico favore corrupta ad tacita suffra-
gia quasi ad remedium decucurrerunt; quod interim pla-
8 ne remedium fuit; erat enim novum et subitum. Sed ve-
reor, ne procedente tempore ex ipso remedio vitia nascan-

tur. Est enim periculum, ne tacitis suffragiis impudentia
inrepat. Nam quoto cuique eadem honestatis cura secreto
quae palam? Multi famam, conscientiam pauci verentur. 9
Sed nimis cito de futuris; interim beneficio tabellarum
habebimus magistratus, qui maxime fieri debuerunt. Nam
ut in reciperatoriis iudiciis sic nos in his comitiis quasi re-
pente adprehensi sinceri iudices fuimus.

Haec tibi scripsi, primum ut aliquid novi scriberem, 10
deinde ut non numquam de re publica loquerer, cuius
materiae nobis quanto rarior quam veteribus occasio tan-
to minus omittenda est. Et hercule quousque illa vulgaria 11
„Quid agis? Ecquid commode vales?“ Habeant nostrae
quoque litterae aliquid non humile nec sordidum nec pri-
vatis rebus inclusum. Sunt quidem cuncta sub unius arbi- 12
trio, qui pro utilitate communi solus omnium curas labo-
resque suscepit; quidam tamen salubri temperamento ad
nos quoque velut rivi ex illo benignissimo fonte decur-
runt, quos et haurire ipsi et absentibus amicis quasi minis-
trare epistulis possumus. Vale.

64 (4.25)

Missbräuche bei der geheimen Abstimmung

C. PLINIUS MAESIO MAXIMO SUO S.

Scripseram tibi verendum esse, ne ex tacitis suffragiis 1
vitium aliquod exsisteret. Factum est. Proximis comitiis in
quibusdam tabellis multa iocularia atque etiam foeda dic-
tu, in una vero pro candidatorum nominibus suffraga-
torum nomina inventa sunt. Excanduit senatus magnoque 2
clamore ei, qui scripsisset, iratum principem est compre-
catus. Ille tamen fefellit et latuit, fortasse etiam inter indig-
nantes fuit.

Quid hunc putamus domi facere, qui in tanta re tam 3
serio tempore tam scurriliter ludat, qui denique omnino

4 in senatu dicax et urbanus et bellus est? Tantum licentiae
pravis ingeniis adicit illa fiducia: „Quis enim sciet?“ Po-
poscit tabellas, stilum accepit, demisit caput, neminem
5 veretur, se contemnit. Inde ista ludibria scaena et pulpito
digna.

Quo te vertas? Quae remedia conquiras? Ubique vitia remediis fortiora. 'Αλλὰ ταῦτα τῷ ὑπὲρ ἡμᾶς μελήσει, cui multum cotidie vigiliarum, multum laboris adicit haec nostra iners et tamen effrenata petulantia. Vale.

65 (6.19)

Vorkehrungen gegen Wahlbestechung

C. PLINIUS NEPOTI SUO S.

1 Scis tu accessisse pretium agris, praecipue suburbanis?
Causa subitae caritatis res multis agitata sermonibus. Pro-
ximis comitiis honestissimas voces senatus expressit: „Can-
didati ne conviventur, ne mittant munera, ne pecunias
2 deponant.“ Ex quibus duo priora tam aperte quam immo-
dice fiebant, hoc tertium, quamquam occultaretur, pro
comperto habebatur.

3 Homullus deinde noster vigilanter usus hoc consensu senatus sententiae loco postulavit, ut consules desiderium universorum notum principi facerent peterentque, sicut aliis vitiis, huic quoque providentia sua occurreret.

4 Occurrit; nam sumptus candidatorum, foedos illos et infames, ambitus lege restrinxit; eosdem patrimonii tertiam partem conferre iussit in ea, quae solo continerentur, deforme arbitratus (et erat) honorem petituros urbem Italiamque non pro patria, sed pro hospitio aut stabulo quasi peregrinantes habere.

5 Concursant ergo candidati; certatim, quidquid venale audiunt, emptitant, quoque sint plura venalia, efficiunt.

6 Proinde, si paenitet te Italicorum praediorum, hoc ven-

dendi tempus tam hercule quam in provinciis comparandi, dum idem candidati illic vendunt, ut hic emant. Vale.

66 (8.14; gekürzt)
Die politische Ausbildung in der guten alten Zeit und unter Domitian

C. PLINIUS ARISTONI SUO S.

Erat autem antiquitus institutum, ut a maioribus natu 4
non auribus modo, verum etiam oculis disceremus, quae
facienda mox ipsi ac per vices quasdam tradenda minori-
bus haberemus. Inde adulescentuli statim castrensibus sti- 5
pendiis imbuebantur, ut imperare parendo, duces agere,
dum sequuntur, adsuescerent; inde honores petituri adsis-
tebant curiae foribus, et consilii publici spectatores, ante
quam consortes erant. Suus cuique parens pro magistro, 6
aut, cui parens non erat, maximus quisque et vetustissimus
pro parente. Quae potestas referentibus, quod censenti-
bus ius, quae vis magistratibus, quae ceteris libertas, ubi
cedendum, ubi resistendum, quod silentii tempus, quis
dicendi modus, quae distinctio pugnantium sententiarum,
quae exsecutio prioribus aliquid addentium, omnem de-
nique senatorium morem (quod fidissimum percipiendi
genus) exemplis docebantur.

At nos iuvenes fuimus quidem in castris; sed cum su- 7
specta virtus, inertia in pretio, cum ducibus auctoritas nul-
la, nulla militibus verecundia, nusquam imperium, nus-
quam obsequium, omnia soluta, turbata atque etiam in
contrarium versa, postremo obliviscenda magis quam te-
nenda.

Iidem prospeximus curiam, sed curiam trepidam et 8
elinguem, cum dicere, quod velles, periculosum, quod
nolles, miserum esset. Quid tunc disci potuit, quid didicis-
se iuvit, cum senatus aut ad otium summum aut ad sum-

mum nefas vocaretur et modo ludibrio, modo dolori re-
tentus numquam seria, tristia saepe censeret?
9 Eadem mala iam senatores, iam participes malorum
multos per annos vidimus tulimusque; quibus ingenia nos-
tra in posterum quoque hebetata, fracta, contusa sunt.
10 Breve tempus (nam tanto brevius omne quanto felicius
tempus), quo libet scire, quid simus, libet exercere, quod
scimus. [...]

67 (8.24)

Behandlung der Griechen

C. PLINIUS MAXIMO SUO S.

1 Amor in te meus cogit, ut non praecipiam (neque enim
praeceptore eges), admoneam tamen, ut, quae scis, teneas
2 et observes aut nescire melius. Cogita te missum in pro-
vinciam Achaiam, illam veram et meram Graeciam, in qua
primum humanitas, litterae, etiam fruges inventae esse
creduntur; missum ad ordinandum statum liberarum civi-
tatum, id est ad homines maxime homines, ad liberos
maxime liberos, qui ius a natura datum virtute, meritis,
3 amicitia, foedere denique et religione tenuerunt. Revere-
re conditores deos et nomina deorum, reverere gloriam
veterem et hanc ipsam senectutem, quae in homine vene-
rabilis, in urbibus sacra. Sit apud te honor antiquitati, sit
ingentibus factis, sit fabulis quoque. Nihil ex cuiusquam
dignitate, nihil ex libertate, nihil etiam ex iactatione decerp-
seris.
4 Habe ante oculos hanc esse terram, quae nobis miserit
iura, quae leges non victis, sed petentibus dederit, Athe-
nas esse, quas adeas, Lacedaemonem esse, quam regas;
quibus reliquam umbram et residuum libertatis nomen
5 eripere durum, ferum, barbarum est. Vides a medicis,
quamquam in adversa valetudine nihil servi ac liberi dif-

ferant, mollius tamen liberos clementiusque tractari. Re-
cordare, quid quaeque civitas fuerit, non ut despicias,
quod esse desierit; absit superbia, asperitas. Nec timueris 6
contemptum. An contemnitur, qui imperium, qui fasces
habet, nisi humilis et sordidus, et qui se primus ipse con-
temnit? Male vim suam potestas aliorum contumeliis ex-
peritur, male terrore veneratio adquiritur longeque valen-
tior amor ad obtinendum, quod velis, quam timor. Nam
timor abit, si recedas, manet amor, ac sicut ille in odium,
hic in reverentiam vertitur.

Te vero etiam atque etiam (repetam enim) meminisse 7
oportet officii tui titulum ac tibi ipsum interpretari, quale
quantumque sit ordinare statum liberarum civitatum.
Nam quid ordinatione civilius, quid libertate pretiosius?
Porro quam turpe, si ordinatio eversione, libertas servitu- 8
te mutetur!

Accedit, quod tibi certamen est tecum. Onerat te quaes-
turae tuae fama, quam ex Bithynia optimam revexisti,
onerat testimonium principis, onerat tribunatus, praetura
atque haec ipsa legatio quasi praemium data. Quo magis 9
nitendum est, ne in longinqua provincia quam suburbana,
ne inter servientes quam liberos, ne sorte quam iudicio
missus, ne rudis et incognitus quam exploratus probatus-
que humanior, melior, peritior fuisse videaris; cum sit alio-
qui, ut saepe audisti, saepe legisti, multo deformius amit-
tere quam non adsequi laudem.

Haec velim credas, quod initio dixi, scripsisse me admo- 10
nentem, non praecipientem; quamquam praecipientem
quoque. Quippe non vereor, in amore ne modum exces-
serim. Neque enim periculum est, ne sit nimium, quod
esse maximum debet. Vale.

5. Plinius als Statthalter

68 (10.1)

Glückwunsch zur Thronbesteigung Trajans

C. PLINIUS TRAIANO IMPERATORI

1 Tua quidem pietas, imperator sanctissime, optaverat, ut quam tardissime succederes patri; sed di immortales festinaverunt virtutes tuas ad gubernacula rei publicae, quam
2 susceperas, admovere. Precor ergo, ut tibi et per te generi humano prospera omnia, id est digna saeculo tuo, contingant. Fortem te et hilarem, imperator optime, et privatim et publice opto.

69 (10.2)

Dank für die Gewährung des Dreikinderrechts

C. PLINIUS TRAIANO IMPERATORI

1 Exprimere, domine, verbis non possum, quantum mihi gaudium attuleris, quod me dignum putasti iure trium liberorum. Quamvis enim Iuli Serviani, optimi viri tuique amantissimi, precibus indulseris, tamen etiam ex rescripto intellego libentius hoc ei te praestitisse, quia pro me ro-
2 gabat. Videor ergo summam voti mei consecutus, cum inter initia felicissimi principatus tui probaveris me ad peculiarem indulgentiam tuam pertinere; eoque magis liberos concupisco, quos habere etiam illo tristissimo saeculo vo-
3 lui, sicut potes duobus matrimoniis meis credere. Sed di melius, qui omnia integra bonitati tuae reservarunt; malui hoc potius tempore me patrem fieri, quo futurus essem et securus et felix.

70 (10.5)

Bitten um Bürgerrecht

C. PLINIUS TRAIANO IMPERATORI

Proximo anno, domine, gravissima valetudine usque ad 1
periculum vitae vexatus iatralipten adsumpsi; cuius sollicitudini et studio tuae tantum indulgentiae beneficio referre gratiam parem possum. Quare rogo des ei civitatem 2
Romanam. Est enim peregrinae condicionis, manumissus a peregrina. Vocatur ipse Arpocras, patronam habuit Thermuthin Theonis, quae iam pridem defuncta est. Item rogo des ius Quiritium libertis Antoniae Maximillae, ornatissimae feminae, Hediae et Antoniae Harmeridi; quod a te petente patrona peto.

71 (10.6)

Nachtrag

C. PLINIUS TRAIANO IMPERATORI

Ago gratias, domine, quod et ius Quiritium libertis ne- 1
cessariae mihi feminae et civitatem Romanam Arpocrati, iatraliptae meo, sine mora indulsisti. Sed, cum annos eius et censum, sicut praeceperas, ederem, admonitus sum a peritioribus debuisse me ante ei Alexandrinam civitatem impetrare, deinde Romanam, quoniam esset Aegyptius.
Ego autem, quia inter Aegyptios ceterosque peregrinos 2
nihil interesse credebam, contentus fueram hoc solum scribere tibi esse eum a peregrina manumissum patronamque eius iam pridem decessisse. De qua ignorantia mea non queror, per quam stetit, ut tibi pro eodem homine saepius obligarer. Rogo itaque, ut beneficio tuo legitime frui possim, tribuas ei et Alexandrinam civitatem [et Romanam]. Annos eius et censum, ne quid rursus indulgentiam tuam moraretur, libertis tuis, quibus iusseras, misi.

72 (10.7)

Antwort

TRAIANUS PLINIO

Civitatem Alexandrinam secundum institutionem principum non temere dare proposui. Sed cum Arpocrati, iatraliptae tuo, iam civitatem Romanam impetraveris, huic quoque petitioni tuae negare non sustineo. Tu, ex quo nomo sit, notum mihi facere debebis, ut epistulam tibi ad Pompeium Plantam, praefectum Aegypti, amicum meum, mittam.

73 (10.10)

Dank für die Gewährung des Bürgerrechts

C. PLINIUS TRAIANO IMPERATORI

1 Exprimere, domine, verbis non possum, quanto me gaudio adfecerint epistulae tuae, ex quibus cognovi te Arpocrati, iatraliptae meo, et Alexandrinam civitatem tribuisse, quamvis secundum institutionem principum non temere eam dare proposuisses. Esse autem Arpocran νομοῦ Μεμφίτου indico tibi.

2 Rogo ergo, indulgentissime imperator, ut mihi ad Pompeium Plantam, praefectum Aegypti, amicum tuum, sicut promisisti, epistulam mittas. Obviam iturus, quo maturius, domine, exoptatissimi adventus tui gaudio frui possim, rogo permittas mihi quam longissime occurrere tibi.

74 (10.8)

Bitte um Urlaub

C. PLINIUS TRAIANO IMPERATORI

1 Cum divus pater tuus, domine, et oratione pulcherrima et honestissimo exemplo omnes cives ad munificentiam esset cohortatus, petii ab eo, ut statuas principum, quas in longinquis agris per plures successiones traditas mihi, qua-

les acceperam, custodiebam, permitteret in municipium transferre adiecta sua statua. Quod quidem ille mihi cum 2
plenissimo testimonio indulserat; ego statim decurionibus scripseram, ut adsignarent solum, in quo templum pecunia mea exstruerem; illi in honorem operis ipsius electionem loci mihi obtulerant. Sed primum mea, deinde patris 3
tui valetudine, postea curis delegati a vobis officii retentus nunc videor commodissime posse in rem praesentem excurrere. Nam et menstruum meum kalendis Septembribus finitur, et sequens mensis complures dies feriatos habet.

Rogo ergo ante omnia permittas mihi opus, quod inco- 4
haturus sum, exornare et tua statua, deinde, ut hoc facere quam maturissime possim, indulgeas commeatum. Non 5
est autem simplicitatis meae dissimulare apud bonitatem tuam obiter te plurimum collaturum utilitatibus rei familiaris meae. Agrorum enim, quos in eadem regione possideo, locatio, cum alioqui CCCC excedat, adeo non potest differri, ut proximam putationem novus colonus facere debeat. Praeterea continuae sterilitates cogunt me de remissionibus cogitare; quarum rationem nisi praesens inire non possum.

Debebo ergo, domine, indulgentiae tuae et pietatis 6
meae celeritatem et status ordinationem, si mihi ob utraque haec dederis commeatum XXX dierum. Neque enim angustius tempus praefinire possum, cum et municipium et agri, de quibus loquor, sint ultra centesimum et quinquagesimum lapidem.

75 (10.9)

Antwort

TRAIANUS PLINIO

Et privatas multas et omnes publicas causas petendi commeatus reddidisti; mihi autem vel sola voluntas tua suffecisset. Neque enim dubito te, ut primum potueris, ad tam districtum officium reversurum. Statuam poni mihi a te eo, quo desideras loco, quamquam eius modi honorum parcissimus, tamen patior, ne impedisse cursum erga me pietatis tuae videar.

76 (10.13)

Bitte um ein Priesteramt

C. PLINIUS TRAIANO IMPERATORI

Cum sciam, domine, ad testimonium laudemque morum meorum pertinere tam boni principis iudicio exornari, rogo dignitati, ad quam me provexit indulgentia tua, vel auguratum vel septemviratum, quia vacant, adicere digneris, ut iure sacerdotii precari deos pro te publice possim, quos nunc precor pietate privata.

77 (10.19)

Beaufsichtigung der Gefängnisse

C. PLINIUS TRAIANO IMPERATORI

1 Rogo, domine, consilio me regas haesitantem, utrum per publicos civitatium servos, quod usque adhuc factum, an per milites adservare custodias debeam. Vereor enim, ne et per publicos parum fideliter custodiantur et non
2 exiguum militum numerum haec cura distringat. Interim publicis servis paucos milites addidi. Video tamen periculum esse, ne id ipsum utrisque neglegentiae causa sit, dum communem culpam hi in illos, illi in hos regerere posse confidunt.

78 (10.20)

Antwort

TRAIANUS PLINIO

Nihil opus est, mi Secunde carissime, ad continendas 1
custodias plures commilitones converti. Perseveremus in
ea consuetudine, quae isti provinciae est, ut per publicos
servos custodiantur. Etenim ut fideliter hoc faciant, in tua 2
severitate ac diligentia positum est. In primis enim, sicut
scribis, verendum est, ne, si permisceantur servis publicis
milites, mutua inter se fiducia neglegentiores sint. Sed et
illud haereat nobis quam paucissimos a signis avocandos
esse.

79 (10.23)

Ein neues Bad für Prusa

C. PLINIUS TRAIANO IMPERATORI

Prusenses, domine, balineum habent; est sordidum et 1
vetus. Itaque magni aestimant novum fieri; quod videris
mihi desiderio eorum indulgere posse. Erit enim pecunia, 2
ex qua fiat, primum ea, quam revocare a privatis et exige-
re iam coepi; deinde, quam ipsi erogare in oleum soliti,
parati sunt in opus balinei conferre; quod alioqui et digni-
tas civitatis et saeculi tui nitor postulat.

80 (10.24)

Antwort

TRAIANUS PLINIO

Si instructio novi balinei oneratura vires Prusensium non est, possumus desiderio eorum indulgere, modo ne quid ideo aut intribuatur aut minus illis in posterum fiat ad necessarias erogationes.

81 (10.31)

Verwendung Verurteilter

C. PLINIUS TRAIANO IMPERATORI

1 Salva magnitudine tua, domine, descendas oportet ad meas curas, cum ius mihi dederis referendi ad te, de quibus dubito.

2 In plerisque civitatibus, maxime Nicomediae et Nicaeae,
quidam vel in opus damnati vel in ludum similiaque his
genera poenarum publicorum servorum officio ministe-
rioque funguntur atque etiam ut publici servi annua acci-
piunt. Quod ego cum audissem, diu multumque haesita-
3 vi, quid facere deberem. Nam et reddere poenae post lon-
gum tempus plerosque iam senes et, quantum adfirmatur,
frugaliter modesteque viventes nimis severum arbitrabar
et in publicis officiis retinere damnatos non satis ho-
nestum putabam; eosdem rursus a re publica pasci otio-
sos inutile, non pasci etiam periculosum existimabam.
4 Necessario ergo rem totam, dum te consulerem, in sus-
penso reliqui.

Quaeres fortasse, quem ad modum evenerit, ut poenis,
in quas damnati erant, exsolverentur; et ego quaesii, sed
nihil comperi, quod adfirmare tibi possim. Ut decreta,
quibus damnati erant, proferebantur, ita nulla monumen-
5 ta, quibus liberati probarentur. Erant tamen, qui dicerent
deprecantes iussu proconsulum legatorumve dimissos.
Addebat fidem, quod credibile erat neminem hoc ausum
sine auctore.

82 (10.32)

Antwort

TRAIANUS PLINIO

Meminerimus idcirco te in istam provinciam missum, 1
quoniam multa in ea emendanda apparuerint. Erit autem vel hoc maxime corrigendum, quod, qui damnati ad poenam erant, non modo ea sine auctore, ut scribis, liberati sunt, sed etiam in condicionem proborum ministrorum retrahuntur. Qui igitur intra hos proximos decem 2
annos damnati nec ullo idoneo auctore liberati sunt, hos oportebit poenae suae reddi; si qui vetustiores invenientur et senes ante annos decem damnati, distribuamus illos in ea ministeria, quae non longe a poena sint. Solent et ad balineum, ad purgationes cloacarum, item munitiones viarum et vicorum dari.

83 (10.33)

Einrichtung einer Feuerwehr

C. PLINIUS TRAIANO IMPERATORI

Cum diversam partem provinciae circumirem, Nicome- 1
diae vastissimum incendium multas privatorum domos et duo publica opera quamquam via interiacente, Gerusian et Iseon, absumpsit. Est autem latius sparsum primum vio- 2
lentia venti, deinde inertia hominum, quos satis constat otiosos et immobiles tanti mali spectatores perstitisse; et alioqui nullus usquam in publico sipo, nulla hama, nullum denique instrumentum ad incendia compescenda. Et haec quidem, ut iam praecepi, parabuntur.

Tu, domine, dispice, an instituendum putes collegium 3
fabrorum dumtaxat hominum CL. Ego attendam, ne quis nisi faber recipiatur neve iure concesso in aliud utantur; nec erit difficile custodire tam paucos.

84 (10.34)

Antwort

TRAIANUS PLINIO

1 Tibi quidem secundum exempla complurium in mentem venit posse collegium fabrorum apud Nicomedenses constitui. Sed meminerimus provinciam istam et praecipue eas civitates eius modi factionibus esse vexatas. Quodcumque nomen ex quacumque causa dederimus iis, qui in
2 idem contracti fuerint, hetaeriae eaeque brevi fient. Satius itaque est comparari ea, quae ad coercendos ignes auxilio esse possint, admonerique dominos praediorum, ut et ipsi inhibeant, ac, si res poposcerit, adcursu populi ad hoc uti.

85 (10.37)

Anlage einer Wasserleitung

C. PLINIUS TRAIANO IMPERATORI

1 In aquae ductum, domine, Nicomedenses impenderunt HS XXX CCCXVIII, qui imperfectus adhuc, omissus, destructus etiam est; rursus in alium ductum erogata sunt CC. Hoc quoque relicto novo impendio est opus, ut aquam habeant, qui tantam pecuniam male perdiderunt.
2 Ipse perveni ad fontem purissimum, ex quo videtur aqua debere perduci, sicut initio temptatum erat, arcuato opere, ne tantum ad plana civitatis et humilia perveniat. Manent adhuc paucissimi arcus; possunt et erigi quidam lapide quadrato, qui ex superiore opere detractus est; aliqua pars, ut mihi videtur, testaceo opere agenda erit; id enim et facilius et vilius.
3 Sed in primis necessarium est mitti a te vel aquilegem vel architectum, ne rursus eveniat, quod accidit. Ego illud unum adfirmo et utilitatem operis et pulchritudinem saeculo tuo esse dignissimam.

86 (10.38)

Antwort

TRAIANUS PLINIO

Curandum est, ut aqua in Nicomedensem civitatem perducatur. Vere credo te ea, qua debebis, diligentia hoc opus adgressurum. Sed medius fidius ad eandem diligentiam tuam pertinet inquirere, quorum vitio ad hoc tempus tantam pecuniam Nicomedenses perdiderint, ne, dum inter se gratificantur, et incohaverint aquae ductus et reliquerint. Quid itaque compereris, perfer in notitiam meam.

87 (10.56)

Verhalten gegenüber Relegierten

C. PLINIUS TRAIANO IMPERATORI

Summas, domine, gratias ago, quod inter maximas oc- 1
cupationes ‹in› iis, de quibus te consului, me quoque re-
gere dignatus es; quod nunc quoque facias rogo.

Adiit enim me quidam indicavitque adversarios suos a 2
Servilio Calvo, clarissimo viro, in triennium relegatos in
provincia morari; illi contra ab eodem se restitutos adfir-
maverunt edictumque recitaverunt. Qua causa necessari-
um credidi rem integram ad te referre. Nam sicut manda- 3
tis tuis cautum est, ne restituam ab alio aut a me relega-
tos, ita de iis, quos alius et relegaverit et restituerit, nihil
comprehensum est.

Ideo tu, domine, consulendus fuisti, quid observare me velles tam hercule, quam de iis, qui in perpetuum relegati nec restituti in provincia deprehenduntur.

Nam haec quoque species incidit in cognitionem meam. 4
Est enim adductus ad me in perpetuum relegatus ‹a› Iulio
Basso proconsule. Ego, quia sciebam acta Bassi rescissa
datumque a senatu ius omnibus, de quibus ille aliquid
constituisset, ex integro agendi dumtaxat per biennium,

interrogavi hunc, quem relegaverat, an adisset docuissetque proconsulem. ‹Negavit.›

5 Per quod effectum est, ut te consulerem, reddendum eum poenae suae an gravius aliquid et quid potissimum constituendum putares et in hunc et in eos, si qui forte in simili condicione invenirentur.

Decretum Calvi et edictum, item decretum Bassi his litteris subieci.

88 (10.57)

Antwort

TRAIANUS PLINIO

1 Quid in persona eorum statuendum sit, qui a P. Servilio Calvo proconsule in triennium relegati et mox eiusdem edicto restituti in provincia remanserunt, proxime tibi rescribam, cum causas eius facti a Calvo requisiero.

2 Qui a Iulio Basso in perpetuum relegatus est, cum per biennium agendi facultatem habuerit, si existimat se iniuria relegatum, neque id fecerit atque in provincia morari perseverarit, vinctus mitti ad praefectos praetorii mei debet. Neque enim sufficit eum poenae suae restitui, quam contumacia elusit.

89 (10.68)

Verlegung von Gräbern

C. PLINIUS TRAIANO IMPERATORI

Petentibus quibusdam, ut sibi reliquias suorum aut propter iniuriam vetustatis aut propter fluminis incursum aliaque his similia quocumque secundum exemplum proconsulum transferre permitterem, quia sciebam in urbe nostra ex eius modi causis collegium pontificum adiri solere, te, domine, maximum pontificem consulendum putavi, quid observare me velis.

90 (10.69)

Antwort

TRAIANUS PLINIO

Durum est iniungere necessitatem provincialibus pontificum adeundorum, si reliquias suorum propter aliquas iustas causas transferre ex loco in alium locum velint. Sequenda ergo potius tibi exempla sunt eorum, qui isti provinciae praefuerunt, et ut causa cuique, ita aut permittendum aut negandum.

91 (10.90)

Die Anlage einer Wasserleitung

C. PLINIUS TRAIANO IMPERATORI

Sinopenses, domine, aqua deficiuntur; quae videtur et 1
bona et copiosa ab sexto decimo miliario posse perduci. Est tamen statim ab capite paulo amplius passus mille locus suspectus et mollis, quem ego interim explorari modico impendio iussi, an recipere et sustinere opus possit.

Pecunia curantibus nobis contracta non deerit, si tu, 2
domine, hoc genus operis et salubritati et amoenitati valde sitientis coloniae indulseris.

92 (10.91)

Antwort

TRAIANUS PLINIO

Ut coepisti, Secunde carissime, explora diligenter, an locus ille, quem suspectum habes, sustinere opus aquae ductus possit. Neque dubitandum puto, quin aqua perducenda sit in coloniam Sinopensem, si modo et viribus suis adsequi potest, cum plurimum ea res et salubritati et voluptati eius collatura sit.

93 (10.94)

Bitte für Sueton

C. PLINIUS TRAIANO IMPERATORI

1 Suetonium Tranquillum, probissimum, honestissimum, eruditissimum virum, et mores eius secutus et studia iam pridem, domine, in contubernium adsumpsi tantoque magis diligere coepi, quanto hunc propius inspexi.

2 Huic ius trium liberorum necessarium faciunt duae causae: nam et iudicia amicorum promeretur et parum felix matrimonium expertus est impetrandumque a bonitate tua per nos habet, quod illi fortunae malignitas denegavit.

3 Scio, domine, quantum beneficium petam, sed peto a te, cuius in omnibus desideriis meis indulgentiam experior. Potes enim colligere, quanto opere cupiam, quod non rogarem absens, si mediocriter cuperem.

94 (10.95)

Antwort

TRAIANUS PLINIO

Quam parce haec beneficia tribuam utique, mi Secunde carissime, haeret tibi, cum etiam in senatu adfirmare soleam non excessisse me numerum, quem apud amplissimum ordinem suffecturum mihi professus sum. Tuo tamen desiderio subscripsi et dedisse me ius trium liberorum Suetonio Tranquillo ea condicione, qua adsuevi, referri in commentarios meos iussi.

95 (10.96)

Verhalten gegenüber den Christen

C. PLINIUS TRAIANO IMPERATORI

1 Sollemne est mihi, domine, omnia, de quibus dubito, ad te referre. Quis enim potest melius vel cunctationem meam regere vel ignorantiam instruere? Cognitionibus de

Christianis interfui numquam: ideo nescio, quid et quate-
nus aut puniri soleat aut quaeri. Nec mediocriter haesita- 2
vi, sitne aliquod discrimen aetatum, an quamlibet teneri
nihil a robustioribus differant; detur paenitentiae venia,
an ei, qui omnino Christianus fuit, desisse non prosit; no-
men ipsum, si flagitiis careat, an flagitia cohaerentia no-
mini puniantur.

Interim ‹in› iis, qui ad me tamquam Christiani defere-
bantur, hunc sum secutus modum. Interrogavi ipsos, an 3
essent Christiani. Confitentes iterum ac tertio interrogavi
supplicium minatus: perseverantes duci iussi. Neque enim
dubitabam, qualecumque esset, quod faterentur, perti-
naciam certe et inflexibilem obstinationem debere puni-
ri. Fuerunt alii similis amentiae; quos, quia cives Romani 4
erant, adnotavi in urbem remittendos. Mox ipso tractatu,
ut fieri solet, diffundente se crimine plures species incide-
runt. Propositus est libellus sine auctore multorum nomi- 5
na continens. Qui negabant esse se Christianos aut fuisse,
cum praeeunte me deos adpellarent et imagini tuae, quam
propter hoc iusseram cum simulacris numinum adferri,
ture ac vino supplicarent, praeterea male dicerent Christo,
quorum nihil cogi posse dicuntur, qui sunt re vera Chris-
tiani, dimittendos esse putavi.

Alii ab indice nominati esse se Christianos dixerunt et 6
mox negaverunt; fuisse quidem, sed desisse, quidam ante
triennium, quidam ante plures annos, non nemo etiam
ante viginti. ‹Hi› quoque omnes et imaginem tuam deo-
rumque simulacra venerati sunt et Christo male dixerunt.
Adfirmabant autem hanc fuisse summam vel culpae suae 7
vel erroris, quod essent soliti stato die ante lucem conve-
nire carmenque Christo quasi deo dicere secum invicem
seque sacramento non in scelus aliquod obstringere, sed
ne furta, ne latrocinia, ne adulteria committerent, ne fi-

dem fallerent, ne depositum adpellati abnegarent. Quibus
peractis morem sibi discedendi fuisse rursusque coeundi
ad capiendum cibum, promiscuum tamen et innoxium;
quod ipsum facere desisse post edictum meum, quo se-
8 cundum mandata tua hetaerias esse vetueram. Quo magis
necessarium credidi ex duabus ancillis, quae ministrae
dicebantur, quid esset veri, et per tormenta quaerere. Ni-
hil aliud inveni quam superstitionem pravam et immodi-
cam.

9 Ideo dilata cognitione ad consulendum te decucurri.
Visa est enim mihi res digna consultatione, maxime prop-
ter periclitantium numerum. Multi enim omnis aetatis,
omnis ordinis, utriusque sexus etiam vocantur in pericu-
lum et vocabuntur. Neque civitates tantum, sed vicos et-
iam atque agros superstitionis istius contagio pervagata
10 est; quae videtur sisti et corrigi posse. Certe satis constat
prope iam desolata templa coepisse celebrari et sacra sol-
lemnia diu intermissa repeti passimque venire ‹carnem›
victimarum, cuius adhuc rarissimus emptor inveniebatur.
Ex quo facile est opinari, quae turba hominum emendari
possit, si sit paenitentiae locus.

96 (10.97)
Antwort
TRAIANUS PLINIO

1 Actum, quem debuisti, mi Secunde, in excutiendis cau-
sis eorum, qui Christiani ad te delati fuerant, secutus es.
Neque enim in universum aliquid, quod quasi certam
2 formam habeat, constitui potest. Conquirendi non sunt; si
deferantur et arguantur, puniendi sunt, ita tamen, ut, qui
negaverit se Christianum esse idque re ipsa manifestum
fecerit, id est supplicando dis nostris, quamvis suspectus
in praeteritum, veniam ex paenitentia impetret. Sine auc-

tore vero propositi libelli ‹in› nullo crimine locum habere debent. Nam et pessimi exempli nec nostri saeculi est.

97 (10.120)

Benutzung der kaiserlichen Staatspost

C. PLINIUS TRAIANO IMPERATORI

Usque in hoc tempus, domine, neque cuiquam diplomata commodavi neque in rem ullam nisi tuam misi. Quam perpetuam servationem meam quaedam necessitas rupit. 1
Uxori enim meae audita morte avi volenti ad amitam suam excurrere usum eorum negare durum putavi, cum talis officii gratia in celeritate consisteret sciremque te rationem itineris probaturum, cuius causa erat pietas. 2
Haec tibi scripsi, quia mihi parum gratus fore videbar, si dissimulassem inter alia beneficia hoc unum quoque me debere indulgentiae tuae, quod fiducia eius quasi consulto te non dubitavi facere, quem si consuluissem, sero fecissem.

98 (10.121)

Antwort

TRAIANUS PLINIO

Merito habuisti, Secunde carissime, fiduciam animi mei nec dubitandum fuisset, si exspectasses, donec me consuleres, an iter uxoris tuae diplomatibus, quae officio tuo dedi, adiuvandum esset, cum apud amitam suam uxor tua deberet etiam celeritate gratiam adventus sui augere.

6. Porträts

99 (1.10)

Der stoische Philosoph Euphrates

C. PLINIUS ATTIO CLEMENTI SUO S.

1 Si quando urbs nostra liberalibus studiis floruit, nunc
2 maxime floret. Multa claraque exempla sunt; sufficeret
unum, Euphrates philosophus.

Hunc ego in Syria, cum adulescentulus militarem, peni-
tus et domi inspexi amarique ab eo laboravi, etsi non erat
laborandum. Est enim obvius et expositus plenusque hu-
3 manitate, quam praecipit. Atque utinam sic ipse, quam
spem tunc ille de me concepit, impleverim, ut ille multum
virtutibus suis addidit! Aut ego nunc illas magis miror,
4 quia magis intellego. Quamquam ne nunc quidem satis in-
tellego. Ut enim de pictore, scalptore, fictore nisi artifex
iudicare, ita nisi sapiens non potest perspicere sapientem.
5 Quantum tamen mihi cernere datur, multa in Euphra-
te sic eminent et elucent, ut mediocriter quoque doctos
advertant et adficiant. Disputat subtiliter, graviter, ornate;
frequenter etiam Platonicam illam sublimitatem et latitu-
dinem effingit. Sermo est copiosus et varius, dulcis in pri-
6 mis, et qui repugnantes quoque ducat, impellat. Ad hoc
proceritas corporis, decora facies, demissus capillus, in-
gens et cana barba; quae licet fortuita et inania putentur,
7 illi tamen plurimum venerationis adquirunt. Nullus hor-
ror in cultu, nulla tristitia, multum severitatis; reverearis
occursum, non reformides. Vitae sanctitas summa, co-
mitas par; insectatur vitia, non homines, nec castigat er-
rantes, sed emendat. Sequaris monentem attentus et pen-
dens et persuaderi tibi, etiam cum persuaserit, cupias.
8 Iam vero liberi tres, duo mares, quos diligentissime in-
stituit. Socer Pompeius Iulianus, cum cetera vita tum vel

hoc uno magnus et clarus, quod ipse provinciae princeps
inter altissimas condiciones generum non honoribus prin-
cipem, sed sapientia elegit.

Quamquam quid ego plura de viro, quo mihi frui non 9
licet? An ut magis angar, quod non licet? Nam distringor
officio ut maximo sic molestissimo; sedeo pro tribunali,
subnoto libellos, conficio tabulas, scribo plurimas, sed in-
litteratissimas litteras. Soleo non numquam (nam id ipsum 10
quando contingit!) de his occupationibus apud Euphraten
queri. Ille me consolatur, adfirmat etiam esse hanc philo-
sophiae et quidem pulcherrimam partem, agere negotium
publicum, cognoscere, iudicare, promere et exercere ius-
titiam, quaeque ipsi doceant, in usu habere. Mihi tamen 11
hoc unum non persuadet, satius esse ista facere quam cum
illo dies totos audiendo discendoque consumere.

Quo magis te, cui vacat, hortor, cum in urbem proxime
veneris (venias autem ob hoc maturius), illi te expolien-
dum limandumque permittas. Neque enim ego, ut multi, 12
invideo aliis bono, quo ipse careo, sed contra sensum
quendam voluptatemque percipio, si ea, quae mihi dene-
gantur, amicis video superesse. Vale.

100 (1.12)
Der Selbstmord des Corellius Rufus

C. PLINIUS CALESTRIO TIRONI SUO S.

Iacturam gravissimam feci, si iactura dicenda est tanti 1
viri amissio: decessit Corellius Rufus et quidem sponte,
quod dolorem meum exulcerat. Est enim luctuosissimum
genus mortis, quae non ex natura nec fatalis videtur. Nam 2
utcumque in illis, qui morbo finiuntur, magnum ex ipsa
necessitate solacium est, in iis vero, quos accersita mors
aufert, hic insanabilis dolor est, quod creduntur potuisse
diu vivere.

3 Corellium quidem summa ratio, quae sapientibus pro
necessitate est, ad hoc consilium compulit, quamquam
plurimas vivendi causas habentem, optimam conscienti-
am, optimam famam, maximam auctoritatem, praeterea
filiam, uxorem, nepotem, sorores interque tot pignora ve-
4 ros amicos. Sed tam longa, tam iniqua valetudine conflic-
tabatur, ut haec tanta pretia vivendi mortis rationibus
vincerentur.

Tertio et tricensimo anno, ut ipsum audiebam, pedum
dolore correptus est. Patrius hic illi; nam plerumque morbi
5 quoque per successiones quasdam, ut alia, traduntur. Hunc
abstinentia, sanctitate, quoad viridis aetas, vicit et fregit;
novissime cum senectute ingravescentem viribus animi sus-
tinebat, cum quidem incredibiles cruciatus et indignissima
6 tormenta pateretur. Iam enim dolor non pedibus solis ut
prius insidebat, sed omnia membra pervagabatur.

Veni ad eum Domitiani temporibus in suburbano iacen-
7 tem. Servi e cubiculo recesserunt; habebat hoc moris, quo-
tiens intrasset fidelior amicus; quin etiam uxor, quam-
8 quam omnis secreti capacissima, digrediebatur. Circumtu-
lit oculos et „cur" inquit „me putas hos tantos dolores tam
diu sustinere? Ut scilicet isti latroni vel uno die supersim."
Dedisses huic animo par corpus, fecisset, quod optabat.

Adfuit tamen deus voto, cuius ille compos, ut iam secu-
rus liberque moriturus, multa illa vitae, sed minora retina-
9 cula abrupit. Increverat valetudo, quam temperantia miti-
gare temptavit; perseverantem constantia fugit. Iam dies
alter, tertius, quartus: abstinebat cibo. Misit ad me uxor
eius Hispulla communem amicum C. Geminium cum tris-
tissimo nuntio, destinasse Corellium mori nec aut suis aut
filiae precibus inflecti, solum superesse me, a quo revoca-
10 ri posset ad vitam. Cucurri. Perveneram in proximum,
cum mihi ab eadem Hispulla Iulius Atticus nuntiat nihil

iam ne me quidem impetraturum; tam obstinate magis ac magis induruisse. Dixerat sane medico admoventi cibum: „κέκρικα“, quae vox quantum admirationis in animo meo tantum desiderii reliquit.

Cogito, quo amico, quo viro caream. Implevit quidem 11
annum septimum et sexagensimum, quae aetas etiam robustissimis satis longa est; scio. Evasit perpetuam valetudinem: scio. Decessit superstitibus suis, florente re publica, quae illi omnibus carior erat: et hoc scio. Ego tamen 12
tamquam et iuvenis et firmissimi mortem doleo, doleo autem (licet me imbecillum putes) meo nomine. Amisi enim, amisi vitae meae testem, rectorem, magistrum. In summa dicam, quod recenti dolore contubernali meo Calvisio dixi: „Vereor, ne neglegentius vivam.“

Proinde adhibe solacia mihi, non haec: „Senex erat, in- 13
firmus erat“ (haec enim novi), sed nova aliqua, sed magna, quae audierim numquam, legerim numquam. Nam, quae audivi, quae legi, sponte succurrunt, sed tanto dolore superantur. Vale.

101 (2.1)

Staatsbegräbnis für Verginius Rufus

C. PLINIUS ROMANO SUO S.

Post aliquot annos insigne atque etiam memorabile po- 1
puli Romani oculis spectaculum exhibuit publicum funus Vergini Rufi, maximi et clarissimi civis, perinde felicis.

Triginta annis gloriae suae supervixit: legit scripta de se 2
carmina, legit historias et posteritati suae interfuit. Perfunctus est tertio consulatu, ut summum fastigium privati hominis impleret, cum principis noluisset. Caesares, qui- 3
bus suspectus atque etiam invisus virtutibus fuerat, evasit, reliquit incolumem optimum atque amicissimum, tamquam ad hunc ipsum honorem publici funeris reservatus.

4 Annum tertium et octogensimum excessit in altissima
tranquillitate, pari veneratione. Usus est firma valetudine,
nisi quod solebant ei manus tremere citra dolorem tamen.
Aditus tantum mortis durior longiorque, sed hic ipse lau-
5 dabilis. Nam cum vocem praepararet acturus in consulatu
principi gratias, liber, quem forte acceperat grandiorem,
et seni et stanti ipso pondere elapsus est. Hunc dum se-
quitur colligitque, per leve et lubricum pavimentum fallen-
te vestigio cecidit coxamque fregit, quae parum apte col-
locata reluctante aetate male coiit.

6 Huius viri exsequiae magnum ornamentum principi,
magnum saeculo, magnum etiam foro et rostris attule-
runt. Laudatus est a consule Cornelio Tacito; nam hic su-
premus felicitati eius cumulus accessit, laudator eloquen-
tissimus.

7 Et ille quidem plenus annis abiit, plenus honoribus, illis
etiam, quos recusavit; nobis tamen quaerendus ac desi-
derandus est ut exemplar aevi prioris, mihi vero praeci-
pue, qui illum non solum publice quantum admirabar tan-
8 tum diligebam; primum quod utrique eadem regio, mu-
nicipia finitima, agri etiam possessionesque coniunctae;
praeterea quod ille mihi tutor relictus adfectum parentis
exhibuit. Sic candidatum me suffragio ornavit, sic ad om-
nes honores meos ex secessibus accucurrit, cum iam pri-
dem eiusmodi officiis renuntiasset, sic illo die, quo sacer-
dotes solent nominare, quos dignissimos sacerdotio iudi-
9 cant, me semper nominabat. Quin etiam in hac novissima
valetudine veritus, ne forte inter quinqueviros crearetur,
qui minuendis publicis sumptibus iudicio senatus consti-
tuebantur, cum illi tot amici senes consularesque super-
essent, me huius aetatis, per quem excusaretur, elegit
his quidem verbis: „Etiam si filium haberem, tibi manda-
rem.“

Quibus ex causis necesse est tamquam immaturam mor- 10
tem eius in sinu tuo defleam, si tamen fas est aut flere aut omnino mortem vocare, qua tanti viri mortalitas magis finita quam vita est. Vivit enim vivetque semper atque et- 11
iam latius in memoria hominum et sermone versabitur, postquam ab oculis recessit.

Volo tibi multa alia scribere, sed totus animus in hac 12
una contemplatione defixus est: Verginium cogito, Verginium video, Verginium iam vanis imaginibus, recentibus tamen, audio, adloquor, teneo. Cui fortasse cives aliquos virtutibus pares et habemus et habebimus, gloria neminem. Vale.

102 (6.10)

Das Grabmal des Verginius Rufus

C. PLINIUS ALBINO SUO S.

Cum venissem in socrus meae villam Alsiensem, quae 1
aliquamdiu Rufi Vergini fuit, ipse mihi locus optimi illius et maximi viri desiderium non sine dolore renovavit. Hunc enim colere secessum atque etiam senectutis suae nidulum vocare consueverat. Quocumque me contulis- 2
sem, illum animus, illum oculi requirebant. Libuit etiam monimentum eius videre et vidisse paenituit.

Est enim adhuc imperfectum, nec difficultas operis in 3
causa modici ac potius exigui, sed inertia eius, cui cura mandata est. Subit indignatio cum miseratione post decimum mortis annum reliquias neglectumque cinerem sine titulo, sine nomine iacere, cuius memoria orbem terrarum gloria pervagetur. At ille mandaverat caveratque, ut 4
divinum illud et immortale factum versibus inscriberetur:

„Hic situs est Rufus, pulso qui Vindice quondam
imperium adseruit non sibi, sed patriae.“

5 Tam rara in amicitiis fides, tam parata oblivio mor-
tuorum, ut ipsi nobis debeamus etiam conditoria exstrue-
re omniaque heredum officia praesumere.
6 Nam cui non est verendum, quod videmus accidisse
Verginio? Cuius iniuriam ut indigniorem sic etiam notio-
rem ipsius claritas facit. Vale.

103 (9.19)
Die Grabinschrift des Verginius Rufus

C. PLINIUS RUSONI SUO S.

1 Significas legisse te in quadam epistula mea iussisse Ver-
ginium Rufum inscribi sepulcro suo:

„Hic situs est Rufus, pulso qui Vindice quondam
imperium adseruit non sibi, sed patriae."

Reprehendis, quod iusserit, addis etiam melius rectius-
que Frontinum, quod vetuerit omnino monumentum sibi
fieri, meque ad extremum, quid de utroque sentiam, con-
sulis.
2 Utrumque dilexi, miratus sum magis, quem tu repre-
hendis, atque ita miratus, ut non putarem satis umquam
posse laudari, cuius nunc mihi subeunda defensio est.
3 Omnes ego, qui magnum aliquid memorandumque fece-
runt, non modo venia, verum etiam laude dignissimos iudi-
co, si immortalitatem, quam meruere, sectantur victurique
nominis famam supremis etiam titulis prorogare nituntur.
4 Nec facile quemquam nisi Verginium invenio, cuius tan-
5 ta in praedicando verecundia quanta gloria ex facto. Ipse
sum testis, familiariter ab eo dilectus probatusque, semel
omnino me audiente provectum, ut de rebus suis hoc
unum referret, ita secum aliquando Cluvium locutum:
„Scis, Vergini, quae historiae fides debeatur. Proinde, si

quid in historiis meis legis aliter ac velis, rogo ignoscas." Ad hoc ille: „Tune ignoras, Cluvi, ideo me fecisse, quod feci, ut esset liberum vobis scribere, quae libuisset?"

Age dum, hunc ipsum Frontinum in hoc ipso, in quo 6 tibi parcior videtur et pressior, comparemus. Vetuit exstrui monumentum, sed quibus verbis? „Impensa monumenti supervacua est; memoria nostri durabit, si vita meruimus." An restrictius arbitraris per orbem terrarum legendum dare duraturam memoriam suam quam uno in loco duobus versiculis signare, quod feceris?

Quamquam non habeo propositum illum reprehenden- 7 di, sed hunc tuendi; cuius quae potest apud te iustior esse defensio quam ex collatione eius, quem praetulisti? Meo 8 quidem iudicio neuter culpandus, quorum uterque ad gloriam pari cupiditate, diverso itinere contendit, alter, dum expetit debitos titulos, alter, dum mavult videri contempsisse. Vale.

104 (3.1)
Spurinna

C. PLINIUS CALVISIO RUFO SUO S.

Nescio, an ullum iucundius tempus exegerim, quam 1 quo nuper apud Spurinnam fui, adeo quidem, ut neminem magis in senectute, si modo senescere datum est, aemulari velim; nihil est enim illo vitae genere distinctius.

Me autem ut certus siderum cursus ita vita hominum 2 disposita delectat, senum praesertim. Nam iuvenes confusa adhuc quaedam et quasi turbata non indecent, senibus placida omnia et ordinata conveniunt, quibus industria sera, turpis ambitio est.

Hanc regulam Spurinna constantissime servat; quin et- 3 iam parva haec – parva, si non cotidie fiant – ordine quodam et velut orbe circumagit. Mane lectulo continetur, 4

hora secunda calceos poscit, ambulat milia passuum tria
nec minus animum quam corpus exercet. Si adsunt amici,
honestissimi sermones explicantur; si non, liber legitur, in-
terdum etiam praesentibus amicis, si tamen illi non gra-
5 vantur. Deinde considit, et liber rursus aut sermo libro
potior; mox vehiculum adscendit, adsumit uxorem singu-
laris exempli vel aliquem amicorum, ut me proxime.
6 Quam pulchrum illud, quam dulce secretum! Quantum
ibi antiquitatis! Quae facta, quos viros audias! Quibus
praeceptis imbuare! Quamvis ille hoc temperamentum
modestiae suae indixerit, ne praecipere videatur.

7 Peractis septem milibus passuum iterum ambulat mille,
iterum residit vel se cubiculo ac stilo reddit. Scribit enim
et quidem, utraque lingua, lyrica doctissime: mira illis dul-
cedo, mira suavitas, mira hilaritas, cuius gratiam cumulat
sanctitas scribentis.

8 Ubi hora balinei nuntiata est (est autem hieme nona,
aestate octava), in sole, si caret vento, ambulat nudus.
Deinde movetur pila vehementer et diu; nam hoc quoque
exercitationis genere pugnat cum senectute. Lotus accubat
et paulisper cibum differt; interim audit legentem remis-
sius aliquid et dulcius. Per hoc omne tempus liberum est
amicis vel eadem facere vel alia, si malint.

9 Adponitur cena non minus nitida quam frugi in argen-
to puro et antiquo; sunt in usu et Corinthia, quibus delec-
tatur nec adficitur. Frequenter comoedis cena distingui-
tur, ut voluptates quoque studiis condiantur. Sumit aliquid
de nocte et aestate. Nemini hoc longum est; tanta comita-
10 te convivium trahitur. Inde illi post septimum et septua-
gensimum annum aurium, oculorum vigor integer, inde
agile et vividum corpus solaque ex senectute prudentia.

11 Hanc ego vitam voto et cogitatione praesumo ingressu-
rus avidissime, ut primum ratio aetatis receptui canere

permiserit. Interim mille laboribus conteror, quorum
mihi et solacium et exemplum est idem Spurinna; nam ille 12
quoque, quoad honestum fuit, obiit officia, gessit magis-
tratus, provincias rexit multoque labore hoc otium meruit.
Igitur eundem mihi cursum, eundem terminum statuo
idque iam nunc apud te subsigno, ut, si me longius evehi
videris, in ius voces ad hanc epistulam meam et quiescere
iubeas, cum inertiae crimen effugero. Vale.

105 (4.17)

Corellius

C. PLINIUS CLUSINIO GALLO SUO S.

Et admones et rogas, ut suscipiam causam Corelliae ab- 1
sentis contra C. Caecilium, consulem designatum. Quod
admones, gratias ago; quod rogas, queror. Admoneri
enim debeo, ut sciam, rogari non debeo, ut faciam, quod
mihi non facere turpissimum est. An ego tueri Corelli fili- 2
am dubitem? Est quidem mihi cum isto, contra quem me
advocas, non plane familiaris, sed tamen amicitia. Accedit 3
huc dignitas hominis atque hic ipse, cui destinatus est,
honor; cuius nobis hoc maior agenda reverentia est, quod
iam illo functi sumus. Naturale est enim, ut ea, quae quis
adeptus est ipse, quam amplissima existimari velit. Sed 4
mihi cogitanti adfuturum me Corelli filiae omnia ista fri-
gida et inania videntur.

Obversatur oculis ille vir, quo neminem aetas nostra
graviorem, sanctiorem, subtiliorem tulit; quem ego cum
ex admiratione diligere coepissem, quod evenire contra
solet, magis admiratus sum, postquam penitus inspexi.
Inspexi enim penitus: nihil a me ille secretum, non iocula- 5
re, non serium, non triste, non laetum.

Adulescentulus eram, et iam mihi ab illo honor atque 6
etiam (audebo dicere) reverentia ut aequali habebatur. Ille

meus in petendis honoribus suffragator et testis, ille in
incohandis deductor et comes, ille in gerendis consiliator
et rector, ille denique in omnibus officiis nostris, quam-
quam et imbecillus et senior, quasi iuvenis et validus con-
spiciebatur.
7 Quantum ille famae meae domi, in publico, quantum
8 etiam apud principem adstruxit! Nam, cum forte de bo-
nis iuvenibus apud Nervam imperatorem sermo incidisset
et plerique me laudibus ferrent, paulisper se intra silenti-
um tenuit, quod illi plurimum auctoritatis addebat; dein-
de gravitate, quam noras „Necesse est“ inquit „parcius lau-
9 dem Secundum, quia nihil nisi ex consilio meo facit.“ Qua
voce tribuit mihi, quantum petere voto immodicum erat,
nihil me facere non sapientissime, cum omnia ex consilio
sapientissimi viri facerem. Quin etiam moriens filiae suae
(ipsa solet praedicare): „Multos quidem amicos tibi ut lon-
giore vita paravi, praecipuos tamen Secundum et Cornu-
10 tum.“ Quod cum recordor, intellego mihi laborandum, ne
qua parte videar hanc de me fiduciam providentissimi viri
destituisse.
11 Quare ego vero Corelliae adero promptissime nec sub-
ire offensas recusabo; quamquam non solum veniam me,
verum etiam laudem apud istum ipsum, a quo, ut ais, nova
lis fortasse ut feminae intenditur, arbitror consecuturum,
si haec eadem in actione, latius scilicet et uberius, quam
epistularum angustiae sinunt, vel in excusationem vel et-
iam commendationem meam dixero. Vale.

106 (4.23)

Pomponius Bassus

C. PLINIUS POMPONIO BASSO SUO S.

1 Magnam cepi voluptatem, cum ex communibus amicis
cognovi te, ut sapientia tua dignum est, et disponere oti-

um et ferre, habitare amoenissime et nunc terra, nunc
mari corpus agitare, multum disputare, multum audire,
multum lectitare, cumque plurimum scias, cotidie tamen
aliquid addiscere.

Ita senescere oportet virum, qui magistratus amplissi- 2
mos gesserit, exercitus rexerit totumque se rei publicae,
quam diu decebat, obtulerit. Nam et prima vitae tempora 3
et media patriae, extrema nobis impertire debemus, ut ip-
sae leges monent, quae maiorem annis otio reddunt. Quan- 4
do mihi licebit, quando per aetatem honestum erit imitari
istud pulcherrimae quietis exemplum? Quando secessus
mei non desidiae nomen, sed tranquillitatis accipient? Vale.

107 (3.11)
Der Philosoph Artemidor

C. PLINIUS IULIO GENITORI SUO S.

Est omnino Artemidori nostri tam benigna natura, ut 1
officia amicorum in maius extollat. Inde etiam meum
meritum ut vera ita supra meritum praedicatione circum-
fert.

Equidem, cum essent philosophi ab urbe summoti, fui 2
apud illum in suburbano, et quo notabilius (hoc est, peri-
culosius) esset, fui praetor. Pecuniam etiam, qua tunc illi
ampliore opus erat, ut aes alienum exsolveret contractum
ex pulcherrimis causis, mussantibus magnis quibusdam et
locupletibus amicis mutuatus ipse gratuitam dedi. Atque 3
haec feci, cum septem amicis meis aut occisis aut relega-
tis, occisis Senecione, Rustico, Helvidio, relegatis Maurico,
Gratilla, Arria, Fannia, tot circa me iactis fulminibus quasi
ambustus mihi quoque impendere idem exitium certis
quibusdam notis augurarer.

Non ideo tamen eximiam gloriam meruisse me, ut ille 4
praedicat, credo, sed tantum effugisse flagitium. Nam et 5

C. Musonium, socerum eius, quantum licitum est per ae-
tatem, cum admiratione dilexi et Artemidorum ipsum iam
tum, cum in Syria tribunus militarem, arta familiaritate
complexus sum idque primum non nullius indolis dedi
specimen, quod virum aut sapientem aut proximum simil-
6 limumque sapienti intellegere sum visus. Nam ex omni-
bus, qui nunc se philosophos vocant, vix unum aut al-
terum invenies tanta sinceritate, tanta veritate. Mitto, qua
patientia corporis hiemes iuxta et aestates ferat, ut nullis
laboribus cedat, ut nihil in cibo, in potu voluptatibus tri-
7 buat, ut oculos animumque contineat. Sunt haec magna,
sed in alio; in hoc vero minima, si ceteris virtutibus com-
parentur, quibus meruit, ut a C. Musonio ex omnibus
omnium ordinum adsectatoribus gener adsumeretur.

8 Quae mihi recordanti est quidem iucundum, quod me
cum apud alios tum apud te tantis laudibus cumulat; ve-
reor tamen, ne modum excedat, quem benignitas eius (il-
9 luc enim, unde coepi, revertor) solet non tenere. Nam in
hoc uno interdum vir alioqui prudentissimus honesto qui-
dem, sed tamen errore versatur, quod pluris amicos suos,
quam sunt, arbitratur. Vale.

108 (3.16)
Lob der Arria

C. PLINIUS NEPOTI SUO S.

1 Adnotasse videor facta dictaque virorum feminarum-
que alia clariora esse, alia maiora.

2 Confirmata est opinio mea hesterno Fanniae sermone.
Neptis haec Arriae illius, quae marito et solacium mortis
et exemplum fuit. Multa referebat aviae suae non minora
hoc, sed obscuriora; quae tibi existimo tam mirabilia le-
genti fore, quam mihi audienti fuerunt.

3 Aegrotabat Caecina Paetus, maritus eius, aegrotabat et

filius, uterque mortifere, ut videbatur. Filius decessit exi-
mia pulchritudine, pari verecundia et parentibus non mi-
nus ob alia carus, quam quod filius erat. Huic illa ita fu- 4
nus paravit, ita duxit exsequias, ut ignoraret maritus; quin
immo, quotiens cubiculum eius intraret, vivere filium at-
que etiam commodiorem esse simulabat ac persaepe inter-
roganti, quid ageret puer, respondebat: „Bene quievit, li-
benter cibum sumpsit.“ Deinde, cum diu cohibitae lacri- 5
mae vincerent prorumperentque, egrediebatur; tunc se
dolori dabat; satiata siccis oculis composito vultu redibat,
tamquam orbitatem foris reliquisset.

Praeclarum quidem illud eiusdem, ferrum stringere, 6
perfodere pectus, extrahere pugionem, porrigere marito,
addere vocem immortalem ac paene divinam: „Paete, non
dolet“; sed tamen ista facienti, ista dicenti gloria et aeter-
nitas ante oculos erant; quo maius est sine praemio aeter-
nitatis, sine praemio gloriae abdere lacrimas, operire luc-
tum amissoque filio matrem adhuc agere.

Scribonianus arma in Illyrico contra Claudium moverat; 7
fuerat Paetus in partibus et occiso Scriboniano Romam
trahebatur. Erat ascensurus navem. Arria milites orabat, 8
ut simul imponeretur. „Nempe enim“ inquit „daturi estis
consulari viro servolos aliquos, quorum e manu cibum
capiat, a quibus vestiatur, a quibus calcietur; omnia sola
praestabo.“ Non impetravit; conduxit piscatoriam naucu- 9
lam ingensque navigium minimo secuta est.

Eadem apud Claudium uxori Scriboniani, cum illa pro-
fiteretur indicium, „Ego“ inquit „te audiam, cuius in gre-
mio Scribonianus occisus est, et vivis?“ Ex quo manifestum
est ei consilium pulcherrimae mortis non subitum fuisse.
Quin etiam, cum Thrasea, gener eius, deprecaretur, ne 10
mori pergeret, interque alia dixisset: „Vis ergo filiam tuam,
si mihi pereundum fuerit, mori mecum?“, respondit: „Si

tam diu tantaque concordia vixerit tecum quam ego cum
11 Paeto, volo.“ Auxerat hoc responso curam suorum; attentius custodiebatur. Sensit et „Nihil agitis“ inquit; „potestis enim efficere, ut male moriar, ut non moriar, non pot-
12 estis.“ Dum haec dicit, exsiluit cathedra adversoque parieti caput ingenti impetu impegit et corruit. Focilata „Dixeram“ inquit „vobis inventuram me quamlibet duram ad mortem viam, si vos facilem negassetis.“

13 Videnturne haec tibi maiora illo „Paete, non dolet“, ad quod per haec perventum est? Cum interim illud quidem ingens fama, haec nulla circumfert. Unde colligitur, quod initio dixi, alia esse clariora, alia maiora. Vale.

109 (2.20)

Der Erbschleicher Regulus

C. PLINIUS CALVISIO SUO S.

1 Assem para et accipe auream fabulam, fabulas immo; nam me priorum nova admonuit, nec refert, a qua potissimum incipiam.

2 Verania Pisonis graviter iacebat, huius dico Pisonis, quem Galba adoptavit. Ad hanc Regulus venit. Primum impudentiam hominis, qui venerit ad aegram, cuius mari-
3 tus inimicissimus, ipsi invitissimus fuerat! Esto, si venit tantum, at ille etiam proximus toro sedit, quo die, qua hora nata esset, interrogavit. Ubi audiit, componit vultum, intendit oculos, movet labra, agitat digitos, computat; nihil. Ut diu miseram exspectatione suspendit, „Habes“ inquit
4 „climactericum tempus, sed evades. Quod ut tibi magis liqueat, haruspicem consulam, quem sum frequenter exper-
5 tus.“ Nec mora, sacrificium facit, adfirmat exta cum siderum significatione congruere. Illa ut in periculo credula poscit codicillos, legatum Regulo scribit. Mox ingravescit; clamat moriens „Hominem nequam, perfidum ac plus

etiam quam periurum“, qui sibi per salutem filii peieras-
set. Facit hoc Regulus non minus scelerate quam frequen- 6
ter, quod iram deorum, quos ipse cotidie fallit, in caput
infelicis pueri detestatur.

Velleius Blaesus ille locuples consularis, novissima vale- 7
tudine conflictabatur. Cupiebat mutare testamentum. Re-
gulus, qui speraret aliquid ex novis tabulis, quia nuper cap-
tare eum coeperat, medicos hortari, rogare, quoquo mo-
do spiritum homini prorogarent. Postquam signatum est 8
testamentum, mutat personam, vertit adlocutionem is-
demque medicis: „Quousque miserum cruciatis? Quid in-
videtis bona morte, cui dare vitam non potestis?“ Moritur
Blaesus et, tamquam omnia audisset, Regulo ne tantulum
quidem.

Sufficiunt duae fabulae, an scholastica lege tertiam 9
poscis? Est, unde fiat.

Aurelia, ornata femina, signatura testamentum sumpse- 10
rat pulcherrimas tunicas. Regulus cum venisset ad signan-
dum, „Rogo“ inquit, „has mihi leges.“ Aurelia ludere ho- 11
minem putabat, ille serio instabat; ne multa, coegit mulie-
rem aperire tabulas ac sibi tunicas, quas erat induta, lega-
re; observavit scribentem, inspexit, an scripsisset. Et Aure-
lia quidem vivit, ille tamen istud tamquam morituram
coegit. Et hic hereditates, hic legata, quasi mereatur, acci-
pit.

’Αλλὰ τί διατείνομαι in ea civitate, in qua iam pridem 12
non minora praemia, immo maiora, nequitia et improbi-
tas quam pudor et virtus habent? Adspice Regulum, qui 13
ex paupere et tenui ad tantas opes per flagitia processit,
ut ipse mihi dixerit, cum consuleret, quam cito sestertium
sescentiens impleturus esset, invenisse se exta duplicia,
quibus portendi miliens et ducentiens habiturum. Et ha- 14
bebit, si modo, ut coepit, aliena testamenta, quod est im-

probissimum genus falsi, ipsis, quorum sunt illa, dictaverit. Vale.

110 (4.2; gekürzt)

Die Trauer des Regulus um seinen Sohn (1)

C. PLINIUS ATTIO CLEMENTI SUO S.

1 Regulus filium amisit, hoc uno malo indignus, quod nescio an malum putet. Erat puer acris ingenii, sed ambigui, qui tamen posset recta sectari, si patrem non referret.
2 Hunc Regulus emancipavit, ut heres matris exsisteret, mancipatum (ita vulgo ex moribus hominis loquebantur) foeda et insolita parentibus indulgentiae simulatione captabat. Incredibile, sed Regulum cogita!

3 Amissum tamen luget insane. Habebat puer mannulos multos et iunctos et solutos, habebat canes maiores minoresque, habebat luscinias, psittacos, merulas; omnes Regu-
4 lus circa rogum trucidavit. Nec dolor erat ille, sed ostentatio doloris. Convenitur ad eum mira celebritate. Cuncti detestantur, oderunt et, quasi probent, quasi diligant, cursant, frequentant, utque breviter, quod sentio, enuntiem, in Regulo demerendo Regulum imitantur. [...]

6 Dicit se velle ducere uxorem, hoc quoque sicut alia per-
7 verse. Audies brevi nuptias lugentis, nuptias senis; quorum alterum immaturum, alterum serum est.

8 Unde hoc augurer, quaeris? Non quia adfirmat ipse, quo mendacius nihil est, sed quia certum est Regulum esse facturum, quidquid fieri non oportet. Vale.

111 (4.7; gekürzt)

Die Trauer des Regulus um seinen Sohn (2)

C. PLINIUS CATIO LEPIDO SUO S. 1
Saepe tibi dico inesse vim Regulo. Mirum est, quam ef-
ficiat, in quod incubuit. Placuit ei lugere filium: luget ut
nemo. Placuit statuas eius et imagines quam plurimas fa-
cere: hoc omnibus officinis agit, illum coloribus, illum
cera, illum aere, illum argento, illum auro, ebore, marmo- 2
re effingit. Ipse vero nuper adhibito ingenti auditorio lib-
rum de vita eius recitavit; de vita pueri, recitavit tamen.
Eundem in exemplaria mille transcriptum per totam Itali-
am provinciasque dimisit. Scripsit publice, ut a decurioni-
bus eligeretur vocalissimus aliquis ex ipsis, qui legeret eum
populo; factum est. [...]

Habesne, quo tali epistulae parem gratiam referas? Ha- 6
bes, si scripseris, num aliquis in municipio vestro ex soda-
libus meis, num etiam ipse tu hunc luctuosum Reguli
librum ut circulator in foro legeris, ἐπάρας scilicet, ut ait
Demosthenes, τὴν φωνὴν καὶ γεγηθὼς καὶ λαρυγγίζων.
Est enim tam ineptus, ut risum magis possit exprimere 7
quam gemitum; credas non de puero scriptum, sed a pue-
ro. Vale.

112 (5.5)

Der Tod des Fannius

C. PLINIUS NOVIO MAXIMO SUO S.

Nuntiatum mihi C. Fannium decessisse; qui nuntius me 1
gravi dolore confudit, primum quod amavi hominem ele-
gantem, disertum, deinde quod iudicio eius uti solebam.
Erat enim acutus natura, usu exercitatus, veritate promp-
tissimus.

Angit me super ista casus ipsius: decessit veteri testa- 2
mento, omisit, quos maxime diligebat, prosecutus est, qui-

bus offensior erat. Sed hoc utcumque tolerabile; gravius
illud, quod pulcherrimum opus imperfectum reliquit.
3 Quamvis enim agendis causis distringeretur, scribebat ta-
men exitus occisorum aut relegatorum a Nerone, et iam
tres libros absolverat subtiles et diligentes et Latinos atque
inter sermonem historiamque medios, ac tanto magis re-
liquos perficere cupiebat, quanto frequentius hi lecti-
tabantur.

4 Mihi autem videtur acerba semper et immatura mors eorum, qui immortale aliquid parant. Nam, qui voluptatibus dediti quasi in diem vivunt, vivendi causas cotidie finiunt; qui vero posteros cogitant et memoriam sui operibus extendunt, his nulla mors non repentina est, ut quae semper incohatum aliquid abrumpat.

5 Gaius quidem Fannius, quod accidit, multo ante prae-
sensit. Visus est sibi per nocturnam quietem iacere in lec-
tulo suo compositus in habitum studentis, habere ante se
scrinium (ita solebat); mox imaginatus est venisse Nero-
nem, in toro resedisse, prompsisse primum librum, quem
de sceleribus eius ediderat, eumque ad extremum revol-
6 visse; idem in secundo ac tertio fecisse, tunc abisse. Expa-
vit et sic interpretatus est, tamquam idem sibi futurus es-
set scribendi finis, qui fuisset illi legendi, et fuit idem.

7 Quod me recordantem miseratio subit, quantum vigi-
liarum, quantum laboris exhauserit frustra. Occursant
animo mea mortalitas, mea scripta. Nec dubito te quoque
eadem cogitatione terreri pro istis, quae inter manus ha-
8 bes. Proinde, dum suppetit vita, enitamur, ut mors quam
paucissima, quae abolere possit, inveniat. Vale.

113 (5.16)
Tod eines Mädchens

C. PLINIUS AEFULANO MARCELLINO SUO S.

Tristissimus haec tibi scribo Fundani nostri filia minore 1
defuncta. Qua puella nihil umquam festivius, amabilius
nec modo longiore vita, sed prope immortalitate dignius
vidi.

Nondum annos XIIII impleverat, et iam illi anilis pru- 2
dentia, matronalis gravitas erat et tamen suavitas puella-
ris cum virginali verecundia. Ut illa patris cervicibus inhae- 3
rebat! Ut nos amicos paternos et amanter et modeste com-
plectebatur! Ut nutrices, ut paedagogos, ut praeceptores
pro suo quemque officio diligebat! Quam studiose, quam
intelligenter lectitabat! Ut parce custoditeque ludebat!
Qua illa temperantia, qua patientia, qua etiam constantia
novissimam valetudinem tulit! Medicis obsequebatur, 4
sororem, patrem adhortabatur ipsamque se destitutam
corporis viribus vigore animi sustinebat. Duravit hic illi 5
usque ad extremum nec aut spatio valetudinis aut metu
mortis infractus est, quo plures gravioresque nobis causas
relinqueret et desiderii et doloris. O triste plane acerbum- 6
que funus! O morte ipsa mortis tempus indignius! Iam
destinata erat egregio iuveni, iam electus nuptiarum dies,
iam nos vocati. Quod gaudium quo maerore mutatum est!

Non possum exprimere verbis, quantum animo vulnus 7
acceperim, cum audivi Fundanum ipsum, ut multa luctuo-
sa dolor invenit, praecipientem, quod in vestes, margari-
ta, gemmas fuerat erogaturus, hoc in tus et unguenta et
odores impenderetur. Est quidem ille eruditus et sapiens, 8
ut qui se ab ineunte aetate altioribus studiis artibusque de-
diderit, sed nunc omnia, quae audiit saepe, quae dixit,
aspernatur expulsisque virtutibus aliis pietatis est totus.
Ignosces, laudabis etiam, si cogitaveris, quid amiserit. 9

Amisit enim filiam, quae non minus mores eius quam os
vultumque referebat totumque patrem mira similitudine
exscripserat.
10 Proinde, si quas ad eum de dolore tam iusto litteras
mittes, memento adhibere solacium non quasi castigatori-
um et nimis forte, sed molle et humanum. Quod ut faci-
11 lius admittat, multum faciet medii temporis spatium. Ut
enim crudum adhuc vulnus medentium manus reformi-
dat, deinde patitur atque ultro requirit, sic recens animi
dolor consolationes reicit ac refugit, mox desiderat et cle-
menter admotis adquiescit. Vale.

114 (6.26)

Ein vorbildlicher Schwiegersohn

C. PLINIUS SERVIANO SUO S.

1 Gaudeo et gratulor, quod Fusco Salinatori filiam tuam
destinasti. Domus patricia, pater honestissimus, mater
pari laude; ipse studiosus, litteratus, etiam disertus, puer
simplicitate, comitate iuvenis, senex gravitate; neque enim
2 amore decipior. Amo quidem effuse (ita officiis, ita re-
verentia meruit), iudico tamen, et quidem tanto acrius,
quanto magis amo; tibique, ut qui exploraverim, spondeo
habiturum te generum, quo melior fingi ne voto quidem
potuit.
3 Superest, ut avum te quam maturissime similium sui
faciat. Quam felix tempus illud, quo mihi liberos illius,
nepotes tuos ut meos vel liberos vel nepotes ex vestro sinu
sumere et quasi pari iure tenere continget! Vale.

115 (7.19)

Fannia

C. PLINIUS PRISCO SUO S.

Angit me Fanniae valetudo. Contraxit hanc, dum adsi- 1
det Iuniae virgini, sponte primum (est enim adfinis), dein-
de etiam ex auctoritate pontificum.

Nam virgines, cum vi morbi atrio Vestae coguntur exce- 2
dere, matronarum curae custodiaeque mandantur. Quo
munere Fannia dum sedulo fungitur, hoc discrimine im-
plicita est. Insident febres, tussis increscit, summa macies, 3
summa defectio; animus tantum et spiritus viget Helvidio
marito, Thrasea patre dignissimus; reliqua labuntur me-
que non metu tantum, verum etiam dolore conficiunt.
Doleo enim feminam maximam eripi oculis civitatis nescio 4
an aliquid simile visuris.

Quae castitas illi, quae sanctitas, quanta gravitas, quan-
ta constantia! Bis maritum secuta in exsilium est, tertio
ipsa propter maritum relegata. Nam, cum Senecio reus 5
esset, quod de vita Helvidi libros composuisset, rogatum-
que se a Fannia in defensione dixisset, quaerente minaci-
ter Mettio Caro, an rogasset, respondit: „Rogavi"; an com-
mentarios scripturo dedisset: „Dedi"; an sciente matre:
„Nesciente"; postremo nullam vocem cedentem periculo
emisit. Quin etiam illos ipsos libros, quamquam ex neces- 6
sitate et metu temporum abolitos senatus consulto, publi-
catis bonis servavit, habuit tulitque in exsilium exsilii cau-
sam.

Eadem quam iucunda, quam comis, quam denique, 7
quod paucis datum est, non minus amabilis quam ve-
neranda! Eritne, quam postea uxoribus nostris ostentare
possimus? Erit, a qua viri quoque fortitudinis exempla
sumamus, quam sic cernentes audientesque miremur ut
illas, quae leguntur? Ac mihi domus ipsa nutare convulsa- 8

que sedibus suis ruitura supra videtur, licet adhuc poste-
ros habeat. Quantis enim virtutibus quantisque factis ad-
sequentur, ut haec non novissima occiderit?
9 Me quidem illud etiam adfligit et torquet, quod matrem
eius, illam (nihil possum inlustrius dicere) tantae feminae
matrem, rursus videor amittere, quam haec, ut reddit ac
refert nobis, sic auferet secum meque et novo pariter et
10 rescisso vulnere adficiet. Utramque colui, utramque dile-
xi; utram magis, nescio nec discerni volebant. Habuerunt
officia mea in secundis, habuerunt in adversis. Ego solaci-
um relegatarum, ego ultor reversarum; non feci tamen
paria atque eo magis hanc cupio servari, ut mihi solvendi
tempora supersint.
11 In his eram curis, cum scriberem ad te; quas si deus ali-
quis in gaudium verterit, de metu non querar. Vale.

7. Der Ausbruch des Vesuvs

116 (6.16)

Der Tod des Älteren Plinius

C. PLINIUS TACITO SUO S.

1 Petis, ut tibi avunculi mei exitum scribam, quo verius
tradere posteris possis. Gratias ago; nam video morti eius,
si celebretur a te, immortalem gloriam esse propositam.
2 Quamvis enim pulcherrimarum clade terrarum, ut popu-
li, ut urbes, memorabili casu quasi semper victurus occi-
derit, quamvis ipse plurima opera et mansura condiderit,
multum tamen perpetuitati eius scriptorum tuorum aeter-
3 nitas addet. Equidem beatos puto, quibus deorum mune-
re datum est aut facere scribenda aut scribere legenda,
beatissimos vero, quibus utrumque. Horum in numero

avunculus meus et suis libris et tuis erit. Quo libentius sus-
cipio, deposco etiam, quod iniungis.

Erat Miseni classemque imperio praesens regebat. No- 4
num kal. Septembres hora fere septima mater mea indi-
cat ei apparere nubem inusitata et magnitudine et specie.
Usus ille sole, mox frigida, gustaverat iacens studebatque; 5
poscit soleas, ascendit locum, ex quo maxime miraculum
illud conspici poterat. Nubes – incertum procul intuenti-
bus, ex quo monte (Vesuvium fuisse postea cognitum est)
– oriebatur, cuius similitudinem et formam non alia ma-
gis arbor quam pinus expresserit.

Nam longissimo velut trunco elata in altum quibusdam 6
ramis diffundebatur, credo, quia recenti spiritu evecta,
dein senescente eo destituta aut etiam pondere suo victa
in latitudinem vanescebat, candida interdum, interdum
sordida et maculosa, prout terram cineremve sustulerat.

Magnum propiusque noscendum ut eruditissimo viro 7
visum. Iubet liburnicam aptari; mihi, si venire una vellem,
facit copiam; respondi studere me malle et forte ipse,
quod scriberem, dederat.

Egrediebatur domo; accipit codicillos Rectinae Tasci im- 8
minenti periculo exterritae (nam villa eius subiacebat nec
ulla nisi navibus fuga), ut se tanto discrimini eriperet, ora-
bat. Vertit ille consilium et, quod studioso animo inco- 9
haverat, obit maximo. Deducit quadriremes, ascendit ipse
non Rectinae modo, sed multis (erat enim frequens amoe-
nitas orae) laturus auxilium. Properat illuc, unde alii fugi- 10
unt, rectumque cursum, recta gubernacula in periculum te-
net adeo solutus metu, ut omnes illius mali motus, omnes
figuras, ut deprenderat oculis, dictaret enotaretque.

Iam navibus cinis incidebat, quo propius accederent, 11
calidior et densior, iam pumices etiam nigrique et ambus-
ti et fracti igne lapides, iam vadum subitum ruinaque

montis litora obstantia. Cunctatus paulum, an retro flec-
teret, mox gubernatori, ut ita faceret, monenti „Fortes“
12 inquit „fortuna iuvat. Pomponianum pete.“ Stabiis erat,
diremptus sinu medio (nam sensim circumactis curvatis-
que litoribus mare infunditur); ibi, quamquam nondum
periculo appropinquante, conspicuo tamen et, cum cres-
ceret, proximo sarcinas contulerat in naves certus fugae,
si contrarius ventus resedisset. Quo tunc avunculus meus
secundissimo invectus complectitur trepidantem, consola-
tur, hortatur, utque timorem eius sua securitate leniret,
deferri in balineum iubet; lotus accubat, cenat aut hilaris
aut (quod aeque magnum) similis hilari.

13 Interim e Vesuvio monte pluribus locis latissimae flam-
mae altaque incendia relucebant, quorum fulgor et clari-
tas tenebris noctis excitabatur. Ille agrestium trepidatione
ignes relictos desertasque villas per solitudinem ardere in
remedium formidinis dictitabat. Tum se quieti dedit et
quievit verissimo quidem somno. Nam meatus animae,
qui illi propter amplitudinem corporis gravior et sonanti-
14 or erat, ab iis, qui limini obversabantur, audiebatur. Sed
area, ex qua diaeta adibatur, ita iam cinere mixtisque pu-
micibus oppleta surrexerat, ut, si longior in cubiculo
mora, exitus negaretur. Excitatus procedit seque Pompo-
15 niano ceterisque, qui pervigilarant, reddit. In commune
consultant, intra tecta subsistant an in aperto vagentur.
Nam crebris vastisque tremoribus tecta nutabant et quasi
emota sedibus suis nunc huc, nunc illuc abire aut referri
16 videbantur. Sub dio rursus quamquam levium exesorum-
que pumicum casus metuebatur, quod tamen periculo-
rum collatio elegit. Et apud illum quidem ratio rationem,
apud alios timorem timor vicit. Cervicalia capitibus impo-
sita linteis constringunt; id munimentum adversus inci-
dentia fuit.

Iam dies alibi, illic nox omnibus noctibus nigrior den- 17
siorque; quam tamen faces multae variaque lumina solve-
bant. Placuit egredi in litus et ex proximo adspicere, ec-
quid iam mare admitteret; quod adhuc vastum et adver-
sum permanebat. Ibi super abiectum linteum recubans 18
semel atque iterum frigidam poposcit hausitque. Deinde
flammae flammarumque praenuntius odor sulpuris alios
in fugam vertunt, excitant illum. Innitens servolis duobus 19
adsurrexit et statim concidit, ut ego colligo, crassiore cali-
gine spiritu obstructo clausoque stomacho, qui illi natura
invalidus et angustus et frequenter aestuans erat.

Ubi dies redditus (is ab eo, quem novissime viderat, ter- 20
tius), corpus inventum integrum, inlaesum opertumque,
ut fuerat indutus: habitus corporis quiescenti quam de-
functo similior.

Interim Miseni ego et mater – sed nihil ad historiam, 21
nec tu aliud quam de exitu eius scire voluisti. Finem ergo
faciam. Unum adiciam omnia me, quibus interfueram, 22
quaeque statim, cum maxime vera memorantur, au-
dieram, persecutum. Tu potissima excerpes. Aliud est
enim epistulam, aliud historiam, aliud amico, aliud omni-
bus scribere. Vale.

117 (6.20)

Plinius und der Ausbruch des Vesuvs

C. PLINIUS TACITO SUO S.

Ais te adductum litteris, quas exigenti tibi de morte 1
avunculi mei scripsi, cupere cognoscere, quos ego Miseni
relictus (id enim ingressus abruperam) non solum metus,
verum etiam casus pertulerim. „Quamquam animus me-
minisse horret..., incipiam.“

Profecto avunculo ipse reliquum tempus studiis (ideo 2
enim remanseram) impendi; mox balineum, cena, somnus

3 inquietus et brevis. Praecesserat per multos dies tremor
terrae minus formidolosus, quia Campaniae solitus; illa
vero nocte ita invaluit, ut non moveri omnia, sed verti
4 crederentur. Inrumpit cubiculum meum mater; surgebam
invicem, si quiesceret, excitaturus. Resedimus in area do-
mus, quae mare a tectis modico spatio dividebat.

5 Dubito, constantiam vocare an imprudentiam debeam
(agebam enim duodevicensimum annum): posco librum
Titi Livi et quasi per otium lego atque etiam, ut coeperam,
excerpo. Ecce amicus avunculi, qui nuper ad eum ex His-
pania venerat, ut me et matrem sedentes, me vero etiam
legentem videt, illius patientiam, securitatem meam corri-
pit. Nihilo segnius ego intentus in librum.

6 Iam hora diei prima et adhuc dubius et quasi languidus
dies. Iam quassatis circumiacentibus tectis, quamquam in
aperto loco, angusto tamen, magnus et certus ruinae me-
7 tus.

Tum demum excedere oppido visum. Sequitur vulgus
attonitum, quodque in pavore simile prudentiae, alienum
consilium suo praefert ingentique agmine abeuntes pre-
mit et impellit.

8 Egressi tecta consistimus. Multa ibi miranda, multas for-
midines patimur. Nam vehicula, quae produci iusseramus,
quamquam in planissimo campo, in contrarias partes age-
bantur ac ne lapidibus quidem fulta in eodem vestigio
9 quiescebant. Praeterea mare in se resorberi et tremore ter-
rae quasi repelli videbamus. Certe processerat litus mul-
taque animalia maris siccis harenis detinebat. Ab altero la-
tere nubes atra et horrenda ignei spiritus tortis vibratisque
discursibus rupta in longas flammarum figuras dehisce-
bat; fulguribus illae et similes et maiores erant.

10 Tum vero idem ille ex Hispania amicus acrius et instan-
tius „Si frater“ inquit „tuus, tuus avunculus vivit, vult esse

vos salvos; si periit, superstites voluit. Proinde quid cessatis evadere?“ Respondimus non commissuros nos, ut de salute illius incerti nostrae consuleremus. Non moratus 11
ultra proripit se effusoque cursu periculo aufertur.

Nec multo post illa nubes descendere in terras, operire maria; cinxerat Capreas et absconderat, Miseni quod procurrit, abstulerat. Tum mater orare, hortari, iubere, quo- 12
quo modo fugerem; posse enim iuvenem, se et annis et corpore gravem bene morituram, si mihi causa mortis non fuisset. Ego contra salvum me nisi una non futurum; dein manum eius amplexus addere gradum cogo. Paret aegre incusatque se, quod me moretur.

Iam cinis, adhuc tamen rarus. Respicio; densa caligo 13
tergis imminebat, quae nos torrentis modo infusa terrae sequebatur. „Deflectamus“ inquam, „dum videmus, ne in via strati comitantium turba in tenebris obteramur.“ Vix 14
consideramus, et nox, non qualis inlunis aut nubila, sed qualis in locis clausis lumine exstincto. Audires ululatus feminarum, infantum quiritatus, clamores virorum; alii parentes, alii liberos, alii coniuges vocibus requirebant, vocibus noscitabant; hi suum casum, illi suorum miserabantur; erant, qui metu mortis mortem precarentur; mul- 15
ti ad deos manus tollere, plures nusquam iam deos ullos aeternamque illam et novissimam noctem mundo interpretabantur. Nec defuerunt, qui fictis mentitisque terroribus vera pericula augerent. Aderant, qui Miseni illud ruisse, illud ardere falso, sed credentibus nuntiabant.

Paulum reluxit; quod non dies nobis, sed adventantis 16
ignis indicium videbatur. Et ignis quidem longius substitit, tenebrae rursus, cinis rursus multus et gravis. Hunc identidem adsurgentes excutiebamus; operti alioqui atque etiam oblisi pondere essemus. Possem gloriari non gemitum 17
mihi, non vocem parum fortem in tantis periculis excidis-

se, nisi me cum omnibus, omnia mecum perire misero, magno tamen mortalitatis solacio credidissem.

18 Tandem illa caligo tenuata quasi in fumum nebulamve discessit; mox dies verus, sol etiam effulsit, luridus tamen, qualis esse, cum deficit, solet. Occursabant trepidantibus adhuc oculis mutata omnia altoque cinere tamquam nive obducta.

19 Regressi Misenum curatis utcumque corporibus suspensam dubiamque noctem spe ac metu exegimus. Metus praevalebat; nam et tremor terrae perseverabat et plerique lymphati terrificis vaticinationibus et sua et aliena mala ludificabantur.

20 Nobis tamen ne tunc quidem, quamquam et expertis periculum et exspectantibus, abeundi consilium, donec de avunculo nuntius.

Haec nequaquam historia digna non scripturus leges et tibi, scilicet qui requisisti, imputabis, si digna ne epistula quidem videbuntur. Vale.

8. Merkwürdiges

118 (7.27)

Gespenster

C. PLINIUS SURAE SUO S.

1 Et mihi discendi et tibi docendi facultatem otium praebet. Igitur perquam velim scire, esse phantasmata et habere propriam figuram numenque aliquod putes an inania et vana ex metu nostro imaginem accipere.

2 Ego ut esse credam, in primis eo ducor, quod audio accidisse Curtio Rufo. Tenuis adhuc et obscurus obtinenti Africam comes haeserat. Inclinato die spatiabatur in por-

ticu; offertur ei mulieris figura humana grandior pul-
chriorque; perterrito Africam se futurorum praenuntiam
dixit; iturum enim Romam honoresque gesturum atque
etiam cum summo imperio in eandem provinciam rever-
surum ibique moriturum. Facta sunt omnia. Praeterea ac- 3
cedenti Carthaginem egredientique nave eadem figura in
litore occurrisse narratur. Ipse certe implicitus morbo,
futura praeteritis, adversa secundis auguratus, spem salu-
tis nullo suorum desperante proiecit.

Iam illud nonne et magis terribile et non minus mirum 4
est, quod exponam, ut accepi? Erat Athenis spatiosa et 5
capax domus, sed infamis et pestilens. Per silentium noc-
tis sonus ferri et, si attenderes acrius, strepitus vinculorum
longius primo, deinde e proximo reddebatur. Mox adpa-
rebat idolon, senex macie et squalore confectus, promissa
barba, horrenti capillo; cruribus compedes, manibus cate-
nas gerebat quatiebatque. Inde inhabitantibus tristes di- 6
raeque noctes per metum vigilabantur; vigiliam morbus et
crescente formidine mors sequebatur. Nam interdiu quo-
que, quamquam abscesserat imago, memoria imaginis
oculis inerrabat, longiorque causis timoris timor erat. De-
serta inde et damnata solitudine domus totaque illi mons-
tro relicta; proscribebatur tamen, seu quis emere seu quis
conducere ignarus tanti mali vellet.

Venit Athenas philosophus Athenodorus, legit titulum 7
auditoque pretio, quia suspecta vilitas, percunctatus om-
nia docetur ac nihilo minus, immo tanto magis conducit.
Ubi coepit advesperascere, iubet sterni sibi in prima do-
mus parte, poscit pugillares, stilum, lumen; suos omnes in
interiora dimittit; ipse ad scribendum animum, oculos,
manum intendit, ne vacua mens audita simulacra et in-
anes sibi metus fingeret.

Initio, quale ubique, silentium noctis; dein concuti fer- 8

rum, vincula moveri. Ille non tollere oculos, non remitte-
re stilum, sed offirmare animum auribusque praetendere.
Tum crebrescere fragor, adventare et iam ut in limine, iam
ut intra limen audiri. Respicit, videt agnoscitque narratam
9 sibi effigiem. Stabat innuebatque digito similis vocanti.
Hic contra, ut paulum exspectaret, manu significat rursus-
que ceris et stilo incumbit. Illa scribentis capiti catenis in-
sonabat. Respicit rursus idem quod prius innuentem nec
10 moratus tollit lumen et sequitur. Ibat illa lento gradu qua-
si gravis vinculis. Postquam deflexit in aream domus, re-
pente dilapsa deserit comitem. Desertus herbas et folia
concerpta signum loco ponit.

11 Postero die adit magistratus, monet, ut illum locum effodi iubeant. Inveniuntur ossa inserta catenis et implicita, quae corpus aevo terraque putrefactum nuda et exesa reliquerat vinculis; collecta publice sepeliuntur. Domus postea rite conditis manibus caruit.

12 Et haec quidem adfirmantibus credo; illud adfirmare aliis possum. Est libertus mihi non inlitteratus. Cum hoc minor frater eodem lecto quiescebat. Is visus est sibi cernere quendam in toro residentem admoventemque capiti suo cultros atque etiam ex ipso vertice amputantem capillos. Ubi inluxit, ipse circa verticem tonsus, capilli iacentes reperiuntur.

13 Exiguum temporis medium et rursus simile aliud priori fidem fecit. Puer in paedagogio mixtus pluribus dormiebat. Venerunt per fenestras (ita narrat) in tunicis albis duo cubantemque detonderunt et, qua venerant, recesserunt. Hunc quoque tonsum sparsosque circa capillos dies ostendit.

14 Nihil notabile secutum, nisi forte quod non fui reus, futurus, si Domitianus, sub quo haec acciderunt, diutius vixisset. Nam in scrinio eius datus a Caro de me libellus

inventus est; ex quo coniectari potest, quia reis moris est summittere capillum, recisos meorum capillos depulsi, quod imminebat, periculi signum fuisse.

Proinde rogo, eruditionem tuam intendas. Digna res 15
est, quam diu multumque consideres; ne ego quidem indignus, cui copiam scientiae tuae facias. Licet etiam 16
utramque in partem (ut soles) disputes, ex altera tamen fortius, ne me suspensum incertumque dimittas, cum mihi consulendi causa fuerit, ut dubitare desinerem. Vale.

119 (8.20)

Der Vadimonische See

C. PLINIUS GALLO SUO S.

Ad quae noscenda iter ingredi, transmittere mare sole- 1
mus, ea sub oculis posita neglegimus, seu quia ita natura comparatum, ut proximorum incuriosi longinqua sectemur, seu quod omnium rerum cupido languescit, cum facilis occasio, seu quod differimus tamquam saepe visuri, quod datur videre, quotiens velis cernere. Quacumque de 2
causa permulta in urbe nostra iuxtaque urbem non oculis modo, sed ne auribus quidem novimus, quae si tulisset Achaia, Aegyptos, Asia aliave quaelibet miraculorum ferax commendatrixque terra, audita, perlecta, lustrata haberemus.

Ipse certe nuper, quod nec audieram ante nec videram, 3
audivi pariter et vidi. Exegerat prosocer meus, ut Amerina praedia sua inspicerem. Haec perambulanti mihi ostenditur subiacens lacus nomine Vadimonis; simul quaedam incredibilia narrantur. Perveni ad ipsum. Lacus est in 4
similitudinem iacentis rotae circumscriptus et undique aequalis: nullus sinus, obliquitas nulla, omnia dimensa, paria et quasi artificis manu cavata et excisa. Color caerulo albidior, viridior et pressior, sulpuris odor saporque

medicatus; vis, qua fracta solidantur. Spatium modicum,
5 quod tamen sentiat ventos et fluctibus intumescat. Nulla
in hoc navis (sacer enim), sed innatant insulae, herbidae
omnes harundine et iunco, quaeque alia fecundior palus
ipsaque illa extremitas lacus effert. Sua cuique figura ut
modus; cunctis margo derasus, quia frequenter vel litori
vel sibi inlisae terunt terunturque. Par omnibus altitudo,
par levitas; quippe in speciem carinae humili radice de-
6 scendunt. Haec ab omni latere perspicitur, eadem aqua
suspensa pariter et mersa. Interdum iunctae copulataeque
et continenti similes sunt, interdum discordantibus ventis
digeruntur, non numquam destitutae tranquillitate singu-
7 lae fluitant. Saepe minores maioribus velut cumbulae one-
rariis adhaerescunt, saepe inter se maiores minoresque
quasi cursum certamenque desumunt; rursus omnes in
eundem locum adpulsae, qua steterunt, promovent ter-
ram et modo hac, modo illa lacum reddunt auferuntque
ac tum demum, cum medium tenuere, non contrahunt.
8 Constat pecora herbas secuta sic in insulas illas ut in ex-
tremam ripam procedere solere nec prius intellegere mo-
bile solum, quam litori abrepta quasi inlata et imposita
circumfusum undique lacum paveant; mox, quo tulerit
ventus, egressa non magis se descendisse sentire, quam
senserint ascendisse.

9 Idem lacus in flumen egeritur, quod, ubi se paulisper
oculis dedit, specu mergitur alteque conditum meat ac, si
quid, antequam subduceretur, accepit, servat et profert.

10 Haec tibi scripsi, quia nec minus ignota quam mihi nec
minus grata credebam. Nam te quoque ut me nihil aeque
ac naturae opera delectant. Vale.

120 (9.33)

Ein zahmer Delphin

C. PLINIUS CANINIO SUO S.

Incidi in materiam veram, sed simillimam fictae dig- 1
namque isto laetissimo, altissimo planeque poetico inge-
nio; incidi autem, dum super cenam varia miracula hinc
inde referuntur. Magna auctori fides: tametsi quid poetae
cum fide? Is tamen auctor, cui bene vel historiam scriptu-
rus credidisses.

Est in Africa Hipponensis colonia mari proxima. Adia- 2
cet navigabile stagnum; ex hoc in modum fluminis aestu-
arium emergit, quod vice alterna, prout aestus aut repres-
sit aut impulit, nunc infertur mari, nunc redditur stagno.
Omnis hic aetas piscandi, navigandi atque etiam natandi 3
studio tenetur, maxime pueri, quos otium lususque solli-
citat. His gloria et virtus altissime provehi: victor ille, qui
longissime ut litus ita simul natantes reliquit.

Hoc certamine puer quidam audentior ceteris in ulte- 4
riora tendebat. Delphinus occurrit et nunc praecedere
puerum, nunc sequi, nunc circumire, postremo subire,
deponere, iterum subire trepidantemque perferre pri-
mum in altum, mox flectit ad litus redditque terrae et
aequalibus.

Serpit per coloniam fama. Concurrere omnes, ipsum 5
puerum tamquam miraculum adspicere, interrogare, au-
dire, narrare. Postero die obsident litus, prospectant mare
et si quid est mari simile. Natant pueri, inter hos ille, sed
cautius. Delphinus rursus ad tempus, rursus ad puerum.
Fugit ille cum ceteris. Delphinus, quasi invitet et revocet,
exsilit, mergitur variosque orbes implicat expeditque.

Hoc altero die, hoc tertio, hoc pluribus, donec homines 6
innutritos mari subiret timendi pudor. Accedunt et adlu-
dunt et adpellant, tangunt etiam pertrectantque praeben-

tem. Crescit audacia experimento. Maxime puer, qui primus expertus est, adnatat nanti, insilit tergo, fertur referturque, agnosci se, amari putat, amat ipse; neuter timet, neuter timetur; huius fiducia, mansuetudo illius augetur.
7 Nec non alii pueri dextra laevaque simul eunt hortantes monentesque.

Ibat una (id quoque mirum) delphinus alius, tantum spectator et comes. Nihil enim simile aut faciebat aut patiebatur, sed alterum illum ducebat, reducebat, ut puerum ceteri pueri.

8 Incredibile, tam verum tamen quam priora, delphinum gestatorem collusoremque puerorum in terram quoque extrahi solitum harenisque siccatum, ubi incaluisset, in
9 mare revolvi. Constat Octavium Avitum, legatum proconsulis, in litus educto religione prava superfudisse unguentum, cuius illum novitatem odoremque in altum refugisse nec nisi post multos dies visum languidum et maestum, mox redditis viribus priorem lasciviam et solita ministeria repetisse.

10 Confluebant omnes ad spectaculum magistratus, quorum adventu et mora modica res publica novis sumptibus atterebatur. Postremo locus ipse quietem suam secretumque perdebat: placuit occulte interfici, ad quod coibatur.

11 Haec tu qua miseratione, qua copia deflebis, ornabis, attolles! Quamquam non est opus adfingas aliquid aut adstruas; sufficit, ne ea, quae sunt vera, minuantur. Vale.

Zeittafel

14 n. Chr.	Tod des Kaisers Augustus
14 – 37	Kaiser Tiberius
23	Geburt des Älteren Plinius, des Onkels und Adoptivvaters des Jüngeren Plinius
37 – 41	Kaiser Caligula
41 – 54	Kaiser Claudius
54 – 68	Kaiser Nero
61/62	Geburt des C. Caecilius, des Jüngeren Plinius
64	Brand Roms; erste Christenverfolgung
65	Neros Erzieher, der stoische Philosoph Seneca, wegen angeblicher Beteiligung an einer Verschwörung gegen den Kaiser zum Selbstmord gezwungen
68	Selbstmord Neros (Ende des julisch-claudischen Kaiserhauses)
69	Vier-Kaiser-Jahr: Galba, Otho, Vitellius; Vespasian
69 – 79	Kaiser Vespasian (Beginn der flavischen Dynastie)
79	Ausbruch des Vesuvs; Tod des Älteren Plinius
79/80	Erstes Auftreten des Jüngeren Plinius als Anwalt
79 – 81	Kaiser Titus (Sohn Vespasians)
81 – 96	Kaiser Domitian (Bruder des Titus)
ca. 81/82/83	Plinius als Militärtribun in Syrien
ca. 89/90	Plinius‘ Ernennung zum *quaestor Caesaris*
ca. 92	Volkstribunat des Plinius
ca. 93	Plinius Prätor; Prozess gegen Baebius Massa; Vertreibung der Philosophen aus Rom
ca. 94 – 96	Plinius *praefectus aerarii militaris*
96 – 98	Kaiser Nerva
ca. 98	Plinius *praefectus aerarii Saturni*
98 – 117	Kaiser Trajan
100	Plinius für zwei Monate *consul suffectus* *Panegyricus* (Lobrede auf Trajan)

103	Plinius‘ Aufnahme in das Priesterkollegium der Auguren
ca. 103	Eheschließung mit Calpurnia
ca. 110/111	Plinius Statthalter in Bithynien-Pontus
ca. 112/113	Tod des Plinius

Verzeichnis der Eigennamen

Achaia, römische Provinz (Mittelgriechenland und Peloponnes) (8.20.2; 8.24.2)

Acilius, nicht weiter bekannter Adressat von 3.14

P. Acilius, Onkel des Minicius Acilianus, s. d. (1.14.6)

Acutius Nerva, Konsul 100 oder 101 (2.12.2)

Aefulanus Marcellinus, nicht weiter bekannter Adressat von 5.16

Aegyptius, Ägypter (10.6.1 u. ö.[1])

Aegyptus, Ägypten (5.19.6; 8.20.2; 10.7; 10.10.2)

Afer, Afrikaner; Bewohner der Provinz Africa, zu der das heutige Ostalgerien, Tunesien und Westlibyen gehörten (2.11.2)

Africus, afrikanisch (2.17.5)

Africa, Afrika, römische Provinz im Nordosten des heutigen Tunesiens (2.11.19; 7.27.2; 9.33.2)

Albinus, Senator und renommierter Rechtsanwalt; Adressat von 6.10

Alexandrinus, Adj. zu Alexandria, der Hauptstadt Ägyptens (10.6.1 u. ö.; 10.7; 10.10.1)

Alsiensis, Adj. zu der in Etrurien gelegenen Stadt Alsium (6.10.1)

Amerinus, Adj. zu der umbrischen Stadt Ameria (8.20.3)

Annius Severus, Berater des Plinius in juristischen Angelegenheiten; Adressat von 3.6; 5.1

Antonia Harmeris, Freigelassene (10.5.2)

Antonia Maximilla, vornehme Dame (10.5.2)

Apollinaris, = Domitius Apollinaris; *consul suffectus* 97; Gönner des Dichters Martial; Adressat von 2.9

Aprilis mensis, April (1.13.1)

Aristo, Rechtsgelehrter und Anwalt; Berater Trajans; Adressat von 8.14

Arpinae chartae, arpinische = Ciceros Schriften; Cicero stammt aus Arpinum (3.21.5)

Arpocras, Physiotherapeut (10.5.2; 10.6.1; 10.7; 10.10.1)

Arria, = die Ältere Arria; Frau des Caecina Paetus, Mutter der Jüngeren Arria (3.16.2)

1 Pro Brief ist nur die erste Belegstelle angegeben.

Caecina Paetus, Konsul 37; nach dem missglückten Aufstand des Scribonianus, s. d., von Claudius zum Tode verurteilt (3.16.3 u. ö.)

Caesar, Ehrentitel des Kaisers (1.13.3; 2.1.3; 2.9.2; 2.11.11 u. ö.; 6.31.1 u. ö.)

C. Caesar, = C. Iulius Caesar; 100-44 v. Chr.; popularer Politiker; Schriftsteller; Konsul 59; 58-51 Unterwerfung Galliens; nach dem Bürgerkrieg gegen Pompeius und die Senatspartei Diktator auf Lebenszeit; 44 von Cassius und Brutus ermordet; verfasste den *Anticato,* eine Streitschrift, die gegen Ciceros *Cato* gerichtet war, in der dieser Cato verherrlichte (3.12.2)

Calestrius Tiro, Senator; Kollege des Plinius als Militärtribun, Quästor und Prätor; i. J. 107/108 Prokonsul in der Provinz Baetica; Adressat von 1.12

Calvisius, = C. Calvisius Rufus; Ratsherr aus Comum, Jugendfreund des Plinius; Adressat von 2.20; 3.1; 9.6 (1.12.12)

Calpurnia, dritte Frau des Plinius; Adressatin von 6.4; 6.7; 7.5

Calpurnia Hispulla, Tante der dritten Frau des Plinius; Adressatin von 4.19

Calvina, nicht näher bekannte Adressatin von 2.4

Campania, Kampanien; Landschaft am Mittelmeer, südlich von Latium (6.4.1; 6.20.3; 7.3.1)

Campanus, Kampanier (7.3.1)

Caninius Rufus, aus Comum stammender Dichter und Geschichtsschreiber; Adressat von 9.33

Capreae, Capri, Insel am Südeingang des Golfs von Neapel (6.20.11)

Carthago, Stadt in Nordafrika, in der Nähe des heutigen Tunis (7.27.3)

Carus, berüchtigter Denunziant unter Domitian (7.27.14)

Catilius Severus, Konsul 110 und 120, später Statthalter von Kappadokien und Syrien; Adressat von 3.12

Catius Lepidus, nicht weiter bekannter Adressat von 4.7

Cato, = M. Porcius Cato; 95-45 v. Chr.; Urenkel des Cato Censorius; führender Optimat; „der letzte Republikaner"; Volkstribun 62; Prätor 54; kämpfte im Bürgerkrieg auf Seiten des Senats; nahm sich nach Caesars Sieg bei Utica das Leben; galt als Modell altrömischer Sittenstrenge (3.12.2 u. ö.)

Catones, = Cato Censorius, 234-149 v. Chr., bekannt für seine strenge Zensur, und Cato Uticensis, s. Cato (3.21.5)
Catullus, etwa 84-54 v. Chr., berühmter römischer Lyriker (4.14.5)
Celer, Freund des Plinius, Adressat von 7.17
Centum Cellae, Hafenstadt, ungefähr 60 km von Ostia entfernt; heute Cività Vecchia (6.31.1)
Christianus, Christ (10.96 passim; 10.97.1 u. ö.)
Cicero, = M. Tullius Cicero, 106-43 v. Chr.; 63 Konsul (Aufdeckung der Verschwörung Catilinas); einer der bedeutendsten Redner und Schriftsteller der Römer (4.8.4; 7.4.3 u. ö.; 7.17.13)
Claudius Ariston, Bürger aus Ephesus (6.31.3)
Claudius Caesar, Kaiser Claudius, reg. 41-54 (1.13.3; 3.16.7 u. ö.)
Claudius Marcellinus, Senator und Anwalt des Marcianus (2.11.15)
Clusinius Gallus, nicht weiter bekannter Adressat von 4.17
Cluvius, = Cluvius Rufus; *consul suffectus* 39/40, Freund Neros; Verfasser eines Geschichtswerks über die Regierungszeit der Kaiser Caligula, Claudius und Nero (9.19.5)
Concordiae aedes, Concordia-Tempel, am Fuße des Kapitols gelegen; Concordia: Göttin der Eintracht (5.1.9)
Corellia Hispulla, Tochter des Corellius Rufus, der i. J. 87 Konsul und 82 Statthalter in Obergermanien war; i. J. 105 wurde Corellia von Plinius gegen Caecilius Strabo verteidigt; Adressatin von 3.3 (4.17.1 u. ö.)
Corellius, = Corellius Rufus; 78 *consul suffectus*; 82 Statthalter von Obergermanien; sehr berühmter Rechtsgelehrter seiner Zeit (1.12.1 u. ö.; 4.17.2 u. ö.; 5.1.5)
Corinthius, Adj. zu der auf der Peloponnes gelegenen Stadt Korinth (3.1.9; 3.6.1 u. ö.)
Cornelianus, vielleicht eine Verwechslung mit dem aus Bergamum stammenden römischen Ritter Cornelius Minicianus (vgl. Sherwin-White, z. St.) Adressat von 6.31
Cornelius Priscus, Konsul um d. J. 104, 120/121 Statthalter in der Provinz Asia. Adressat von 3.21
P. Cornelius Tacitus, ca. 55 - ca. 120 n. Chr.; Konsul 97; Statthalter der Provinz Africa (112/113); bedeutendster römischer Geschichtsschreiber; von seinen Werken sind erhalten: eine Biographie seines Schwiegervaters (*De vita et moribus Iulii Agricolae*), eine Spezialschrift über Germanien (*De origine et situ*

Germanorum), ein rhetorisches Werk (*Dialogus de oratoribus*) und zwei große Geschichtswerke, die *Historiae* und *Annales* (nicht vollständig); Adressat von 1.6; 4.13; 6.16; 6.20; 7.20; 7.33; 9.14 (2.1.6; 2.11.2 u. ö.; 9.23.2 u. ö.)

Cornutus Tertullus, Freund des Plinius; mit ihm Verwalter der Staatskasse 98-100; zusammen mit Plinius Konsul d. J. 100 (2.11.19 u. ö.; 2.12.2; 4.17.9)

Cremutius Ruso, Jurist (6.23.2 u. ö.)

Curtius Rufus, Politiker und Feldherr unter den Kaisern Caligula und Claudius (7.27.2)

Demosthenes, 384-322 v. Chr.; bedeutender Staatsmann und Redner der Griechen; er setzte sich für die freie Polis ein und kämpfte vor allem gegen Philipp von Makedonien und Alexander d. Gr. (4.7.6; 9.23.5)

Diana, Göttin der Jagd (1.6.3)

Domitianus, Kaiser, reg. 81-96 (1.12.6; 7.27.14)

Domitius Afer, Konsul 39; berühmter Redner und Jurist; Lehrer Quintilians, s. d. (2.14.10 u. ö.)

Ephesius, Epheser; Bürger der kleinasiatischen Stadt Ephesus (6.31.3)

Erucius Clarus, Vater des Sextus Erucius, s. d. (2.9.4)

Esquiliae, Esquilin; einer der sieben Hügel Roms (3.21.5)

Euphrates, stoischer Philosoph aus Tyros in Syrien; lebte unter Vespasian in Rom, zog sich nach der Vertreibung der Philosophen durch Domitian nach Syrien zurück; dort lernte ihn der etwa 20jährige Plinius während seines Militärdienstes kennen und schätzen (1.10.2 u. ö.)

Fabatus, Großvater der Calpurnia, der dritten Frau des Plinius; Adressat von 8.10

L. Fadius Rufinus, Konsul 113 (9.23.4)

Fannia, Tochter des Thrasea Paetus und der Jüngeren Arria, s. d., Frau des Älteren Helvidius Priscus, s. d. (3.11.3; 3.16.2; 7.19.1 u. ö.)

C. Fannius, nicht weiter bekannt (5.5.1 u. ö.)

Firminus, s. *Hostilius Firminus*

Flavius Marcianus, als Zeuge geladener Komplize des Marius Priscus (2.11.8 u. ö.)
Formianus, im Gebiet von Formiae gelegen; Formiae, eine Küstenstadt in Latium, heißt heute Mola di Gaeta (3.14.2)
Forum Iulii, von C. Iulius Caesar gegründete Stadt an der französischen Mittelmeerküste, heute Fréjus (5.19.7)
Frontinus, s. *Iulius Frontinus*
Fronto Catius, bekannter Anwalt unter Domitian, Nerva und Trajan (2.11.3 u. ö.)
Fundanus, s. *Minicius*
Fuscus Salinator, = Cn. Pedianus Fuscus Salinator; Patrizier; Anwalt; Konsul d. J. 118; Adressat von 7.9; 9.36 (6.26.1)

Gaditana, Gaditanerin; die Tänzerinnen aus Gades (Andalusien) waren für ihre aufreizenden Vorführungen bekannt (1.15.3)
Galba, = Ser. Sulpicius Galba, Konsul 33, einer der Kaiser d. J. 69 (2.20.2)
Gallitta, Frau eines Miltärtribunen (6.31.4)
Gallus, nicht weiter identifizierbarer Adressat von 2.17; 8.20
C. Geminius, Freund des Plinius und des Corellius Rufus (1.12.9)
Geminus, = T. Prifernius Paetus Rosianus Geminus, Quästor d. J. 100, Legat in den Dakerkriegen; Adressat von 8.22; 9.11; 9.30
Genitor, s. Iulius Genitor
Germania, Germanien (3.5.4)
Germanus, Germane (3.5.4)
Gerusia, (griech.) Versammlungshaus älterer Bürger, Altersheim (10.33.1)
Graecia, Griechenland (8.24.2)
Graecus, griechisch; Grieche (7.4.2 u. ö.; 7.9.2; 7.17.4; 9.36.3)
Gratilla, Frau des stoischen Philosophen Arulenus Rusticus, s. d. (3.11.3; 5.1.8)

Hedia, Freigelassene (10.5.2)
Helvidius, = C. Helvidius Priscus der Jüngere; Sohn des Stoikers Helvidius Priscus, s. d. (3.11.3)
Helvidius Priscus, wegen seiner Opposition zu Nero verbannt, unter Galba wieder zurückgerufen, 75 von Vespasian erneut verbannt; wurde kurz darauf ermordet (7.19.3 u. ö.)

Hercules, Sohn des Iupiter und der Alkmene; bei den Römern als Gott verehrt (1.13.3; 2.6.5; 2.14.3; 3.20.11; 6.19.6)
Herennius Senecio, aus Spanien stammender Advokat und Redner; schrieb eine Biographie des Helvidius Priscus, wurde deshalb verleumdet, angeklagt und hingerichtet (7.33.4 u. ö.)
Hipponensis, Adj. zu der nordafrikanischen Stadt Hippo Diarrhytos, heute Binzart/Bizerte (9.33.2)
Hispania, Spanien (6.20.5 u. ö.)
Hispulla, Frau des Corellius Rufus, s. d. (1.12.9 u. ö.)
Hispulla, s. *Calpurnia Hispulla*
Homerus, Homer; der älteste und berühmteste Dichter der Griechen; ihm werden die *Ilias* und die *Odyssee* zugeschrieben (2.14.2)
Homericus, Adj. zu Homer, s. d. (5.19.2)
Homullus, Senator (6.19.3)
Hostilius Firminus, Legat des Marius Priscus (2.11.23; 2.12.2)

Ianuarius mensis, Januar (2.11.10)
Icaria, Insel in der Ägäis (7.4.3)
Illyricum, Illyrien; heute Dalmatien und Albanien (3.16.7)
Iseon, (griech.) Isis-Tempel; Isis: ägyptische Göttin (10.33.1)
Italia, Italien (1.14.4; 2.11.19; 4.7.2; 6.19.4)
Italicus, italisch; Italiker, Bewohner Italiens (6.19.6; 9.23.2)
Iulia basilica, Gebäude an der Südseite des Forums; Tagungsort der Zentumviralgerichts (5.9.1)
Iulia lex, Lex Iulia *sc.* de adulterio; nach diesem Gesetz wurden Ehebrecherinnen mit dem Verlust der Hälfte ihrer Mitgift und mit Verbannung bestraft (6.31.6)
Iulius Atticus, nicht weiter bekannt (1.12.10)
Iulius Bassus, 101/102 Statthalter in Bithynien; 103 wegen Erpressung verurteilt (10.56.4 u. ö.; 10.57.2)
Iulius Ferox, consul suffectus 99; 116/117 Statthalter der Provinz Asia (2.11.5)
Iulius Frontinus, = Sext. Iulius Frontinus; Konsul 73, 98, 100; 74-77 Statthalter in Britannien; Verfasser von *De aquaeductu urbis Romae* und *Strategmata* (4.8.3; 5.1.5; 9.19.1 u. ö.)
Iulius Genitor, Redner und literarischer Ratgeber des Plinius; Adressat von 3.11; 9.17 (3.3.5)

Marius Priscus, aus Südspanien stammender Senator; 97/98 Prokonsul in der Provinz Afrika; i. J. 99 wegen Erpressung angeklagt (2.11.2 u. ö.; 2.12.1)
Maturus Arrianus, römischer Ritter aus Altinum in Oberitalien; Adressat von 4.8
Mauricus, = Iunius Mauricus; Bruder des Rusticus, s. d. (3.11.3)
Maximus, = Maximus d. J.; Prätor 108; außerordentlicher Statthalter von Achaia; Adressat von 7.26; 8.24 (vgl. Sherwin-White, z. St.)
Maximus, = Maximus d. Ä.; Freund des Plinius; Adressat von 2.14; 9.1; 9.23 (vgl. Sherwin-White, z. St.)
Mediolanum, Mailand; bereits zu Plinius' Zeiten das wirtschaftliche und kulturelle Zentrum Oberitaliens (4.13.3)
Mettius Carus, Ankläger des Herennius Senecio, s. d. (7.19.5)
Minerva, Göttin des Handwerks, der Künste und Wissenschaften (1.6.3; 3.21.5)
Minicius Acilianus, Prätor um 97; mit Plinius befreundet (1.14.3 u. ö.)
C. Minicius Fundanus, Konsul d. J. 107; unter Hadrian Statthalter in Asia; Adressat von 1.9 (5.16.1)
Minicius Macrinus, römischer Ritter (1.14.5)
Misenum, Vorgebirge am Golf von Neapel; seit Augustus der westliche Flottenstützpunkt (6.16.4 u. ö.; 6.20.1 u. ö.)
Modestus, Sklave (4.10.1)
Musa, Muse; Thalia: Muse der Dichtkunst (3.21.5)
C. Musonius, um 30-108; stoischer Philosoph; Lehrer Epiktets; i. J. 65 im Zusammenhang mit der pisonischen Verschwörung verbannt, später zurückgerufen (3.11.5 u. ö.)

Nepos, = Licinius Nepos; Prätor (5.9.3 u. ö.)
Nepos, = Maecilius Nepos; Senator; Adressat von 3.16; 6.19
Nero, röm. Kaiser, reg. 54-68 (3.5.5; 5.5.3 u. ö.)
Nerva, röm. Kaiser, reg. 96-98 (4.17.8; 7.33.9)
Nicaea, Stadt in Bithynien (10.31.2)
Nicomedensis, Bürger der Stadt Nicomedia in Bithynien; Adj. zu Nicomedia (10.34.1; 10.37.1; 10.38.1)
Nicomedia, Stadt in Bithynien (10.31.2; 10.33.1)
Nonianus, Verfasser einer Geschichte Roms (1.13.3)

Nonius, Bekannter des Geminus, s. d., nicht weiter identifizierbar (9.30.1)
Nonius Celer, nicht weiter bekannt (6.32.1)
Novius Maximus, römischer Schriftsteller; Adressat von 5.5

Octavius Avitus, Legat (9.33.9)
Ostiensis colonia, Stadt Ostia = Hafen Roms an der Tibermündung (2.17.26)
Ostiensis via, Straße (von Rom) nach Ostia (2.17.2)

Palatium, Palatin, einer der sieben Hügel Roms; auf ihm befand sich der kaiserliche Palast (1.13.3)
Patavinus, Bewohner der Stadt Patavium, s. d. (1.14.6)
Patavium, Stadt in Oberitalien, heute Padua (1.14.6)
Paternus, Bürger von Comum; Adressat von 4.14; 8.16
Piso, = C. Calpurnius Piso Licinianus; 69 von Kaiser Galba durch Adoption zum Nachfolger bestimmt, auf Betreiben Othos ermordet (2.20.2)
Planta, s. *Pompeius Planta*
Platonicus, platonisch; Platon: etwa 427-347; griechischer Philosoph, Begründer einer Philosophenschule, der Akademie (1.10.5)
Plinius maior, der Ältere Plinius; Onkel des Plinius (3.5; 5.8; 6.16; 6.20 jeweils ohne Nennung des Eigennamens)
Plinius Secundus, der Jüngere Plinius; Adressat von 10.7; 10.9; 10.20; 10.24; 10.32; 10.34; 10.38; 10.57; 10.69; 10.91; 10.95; 10.97; 10.121 (4.17.8; 9.23.3; 10.20.1; 10.91; 10.95; 10.97.1; 10.121)
Pompeius Collega, Konsul 93 (2.11.20 u. ö.)
Pompeius Iulianus, einflussreicher Bürger in der Provinz Syrien (1.10.8)
Pompeius Planta, Teilnehmer des Krieges zwischen Otho und Vitellius i. J. 69; anschließend Prokurator von Lykien-Pamphylien; 98-100 Statthalter von Ägypten (9.1.1; 10.7; 10.10.2)
Pompeius Saturninus, Geschichtsschreiber, Dichter und Redner; Adressat von 1.8
Pomponia Galla, vornehme Römerin (5.1.1)
Pomponianus, mit Plinius d. Ä. befreundeter Flottenkommandant (6.16.11 u. ö.)

Pomponius Bassus, legatus proconsulis in der Provinz Asia, Konsul 94, 95-100 Statthalter in der Provinz Galatia-Cappadocia; Adressat von 4.23

Pomponius Secundus, Feldherr und Statthalter in Obergermanien (50/51); Verfasser von Tragödien; (3.5.3; 7.17.11)

Pontius, = L. Pontius Allifanus, Sohn des gleichnamigen Statthalters von Zypern; Adressat von 7.4

Praesens, = C. Bruttius Praesens; unter Domitian Militärtribun; Legionslegat in den Kriegen Trajans gegen die Parther; Adressat von 7.3

Priscus, Konsul 103; 120/121 Statthalter von Asia; Adressat von 7.19

Prusensis, Prusenser; Bürger der bithynischen Stadt Prusa (10.23.1; 10.24)

Quadratus, = Ummidius Quadratus; *consul suffectus* 118; Adressat von 6.29

Quintilianus, nicht weiter bekannter Adressat von 6.32

Quintilianus, um 35-100; Verfasser der *Institutio oratoria*; erster staatlich besoldeter Rhetorik-Professor Roms (2.14.9)

Quirites, Quiriten; Bezeichnung für die Römer in staatsbürgerlicher Beziehung; ius Quiritium: römisches Vollbürgerrecht (10.5.2; 10.6.1)

Rectina Tasci, Rectina, Frau des Tascus; nicht weiter bekannt (6.16.8)

Regulus, = M. Aquilius Regulus; berüchtigter Denunziant unter Nero und Domitian, der auch unter Trajan durch übles Verhalten auffiel (2.11.22; 2.20.2 u. ö.; 4.2.1 u. ö.; 4.7.1 u. ö.)

Restitutus, = Claudius Restitutus, Senator und Anwalt; Adressat von 6.17

Roma, Rom (3.5.15; 3.14.6; 3.16.7; 3.18.4; 7.27.2)

Romanus, römisch (2.1.1; 2.11.8; 3.14.7; 5.1.1; 9.23.2; 10.5.2; 10.6.1; 10.7; 10.96.4)

Romanus, = C. Licinius Macrinus Voconius Romanus; Redner, Anwalt und Schriftsteller; Studienfreund des Plinius; Adressat von 2.1; 9.7

Ruso, Anwalt; Adressat von 9.19

Rusticus, = Q. Iunius Arulenus Rusticus, Prätor 69, Konsul 92;

Stoiker; wegen seiner Opposition zu Domitian 93 hingerichtet (3.11.3; 5.1.8)

Sabina, nicht weiter bekannt (4.10.1 u. ö.)
Sabinianus, nicht weiter bekannter Adressat von 9.21
Salvius Liberalis, consul suffectus d. J. 86; ein zu seiner Zeit sehr bekannter Redner und Anwalt (2.11.17)
Saturnalia, ium, Saturnalien; das beliebteste römische Fest begann am 17. Dezember und erstreckte sich über mehrere Tage; man aß gemeinsam mit den Sklaven, die an diesen Tagen ein besonderes Privileg genossen: sie durften ihren Herren ungestraft ihre Meinung sagen (2.17.24)
Scribonianus, = L. Arruntius Camillus Scribonianus; Konsul 32; versuchte i. J. 42 in Dalmatien einen Aufstand gegen den Kaiser Claudius, der jedoch keinen Erfolg hatte (3.16.7 u. ö.)
Secundus, s. Plinius
Sempronius Rufus, consul suffectus 113; Adressat von 5.9
Senecio, = Herennius Senecio; verfasste eine Biographie über Helvidius Priscus, s. d., wurde unter Domitian deshalb angeklagt und ermordet (3.11.3; 7.19.5)
Septembris, sc. mensis; September (6.16.4; 10.8.3)
C. Septicius (Clarus), literarisch interessierter römischer Ritter, später unter Hadrian Befehlshaber der kaiserlichen Leibgarde; ihm ist in 1.1 die Briefsammlung des Plinius gewidmet. An ihn sind noch weitere Briefe adressiert: 1,15; 7,28 (2.9.4)
Serrana Procula, Großmutter des Minicius Acilianus, s. d. (1.14.6)
Sertorius Severus, ehemaliger Prätor (5.1.1)
Servianus, = Iulius Servianus; Konsul 90, 102, 134; väterlicher Freund des Plinius; Adressat von 6.26
P. Servilius Calvus, Statthalter in Bithynien 108-110, dort Vorgänger des Plinius (10.56.2 u. ö.; 10.57.1)
Sextus Erucius, Senator (2.9.1 u. ö.)
Sinopensis, Bürger der am Schwarzen Meer gelegenen Stadt Sinope; Adj. zu Sinope; (10.90.1; 10.91)
Socraticus, Adj. zu Sokrates, dem griechischen Philosophen, der wegen angeblicher Missachtung der Götter und Verführung der Jugend 399 v. Chr. zum Tode (durch den Giftbecher) verurteilt wurde (3.12.1)

Sosius Senecio, Konsul 99 und 107; Freund des Plinius und des Kaisers Trajan; Adressat von 1.13
Spurinna, nicht weiter bekannt (3.1.1 u. ö.)
Stabiae, Stadt am Golf von Neapel (6.16.12)
Statius Sabinus, stammte wahrscheinlich aus dem mittelitalischen Firmum; Adressat von 4.10
C. Suetonius, um 75-150; Privatsekretär des Kaisers Hadrian; Verfasser von Tranquillus Biographien der zwölf Kaiser von Iulius Caesar bis Domitian (*De vita Caesarum*); Studienfreund des Plinius (10.94.1; 10.95)
Sura, = L. Licinius Sura; aus Spanien stammender Freund und Berater Trajans; Konsul 97, 102 und 107; Adressat von 7.27
Syria, Syrien (1.10.2; 3.11.5)

Tacitus, s. *Cornelius*
Theon, nicht weiter bekannt (10.5.2)
Thermuthis, Frau des Theon (10.5.2)
Thrasea, = T. Clodius Thrasea Paetus; Senator aus Padua; Konsul 56; gehörte zur stoischen Opposition gegen Nero; 66 zum Tode verurteilt, kam seiner Hinrichtung durch Selbstmord zuvor (3.16.10; 6.29.1; 7.19.3; 8.22.3)
Thukydides, etwa 455-396; bedeutender griech. Historiker; behandelte den peloponnesischen Krieg (5.8.11)
Tiro, Freigelassener und Sekretär Ciceros (7.4.3 u. ö.)
Titinius Capito, römischer Ritter; kaiserlicher Privatsekretär unter Domitian, Nerva und Trajan; Adressat von 5.8
Titus Livius, 59 v. - 17 n. Chr.; bedeutender römischer Geschichtsschreiber; sein 142 Bücher umfassendes Werk *Ab urbe condita* behandelt die Geschichte Roms von der Gründung der Stadt bis in die augusteische Zeit (6.20.5)
Traianus, Kaiser Trajan, reg. 98-117; Adressat von 10.1; 10.2; 10.5; 10.6; 10.8; 10.10; 10.13; 10.19; 10.23; 10.31; 10.33; 10.37; 10.56; 10.68; 10.90; 10.94; 10.96; 10.120
Transpadanus, nördlich des Flusses Po gelegen (4.6.1)
Triarius, sonst nicht bekannter Adressat von 6.23
M. Tullius, s. *Cicero*
Tuccius Cerialis, consul suffectus d. J. 90 (2.11.9)
Tuscus, tuskisch, etrurisch (4.6.1; 9.36.1)

Tusculanum, Landgut bei Tusculum (4.13.1)
Tutilius, nicht weiter bekannt (6.32.1)

Vadimonis lacus, Vadimonischer See bei Ameria, s. d. (8.20.3)
Valerius Martialis, 40-103 n. Chr; der bekannteste Epigrammdichter der Römer; 15 Bücher seiner Epigramme sind erhalten (3.21.1)
Valerius Paulinus, Unter Trajan i. J. 107 *consul suffectus*; enger Freund des Plinius; Adressat von 5.19
Velleius Blaesus, nicht weiter bekannt (2.20.7 u. ö.)
Verania, Frau des Piso, s. d. (2.20.2)
Verginius Rufus, 14-97; mehrmals Konsul; unterdrückte i. J. 68 in Obergermanien den Aufstand des C. Iulius Vindex; lehnte die ihm mehrfach angebotene Kaiserwürde ab und widmete sich auf seinem etrurischen Landgut seinen literarischen Studien; Vormund und Förderer des Plinius (2.1.1 u. ö.; 6.10.1 u. ö.; 9.19.1 u. ö.)
Vespasian, römischer Kaiser, reg. 69-79 (1.14.5; 3.5.9)
Vesta, Göttin des häuslichen Herdes und des Herdfeuers mit einem Rundtempel auf dem Forum, in dem ihre Priesterinnen, die Vestalinnen, wohnten (7.19.2)
Vesuvius, Vesuv; Vulkan am Golf von Neapel; der von Plinius erwähnte Vesuvausbruch ereignete sich i. J. 79 n. Chr. (6.16.5 u. ö.)
Vibius Severus, aus Oberitalien stammender Freund des Plinius; Adressat von 3.18
Vindex, = C. Iulius Vindex; Statthalter in Gallien; versuchte einen Aufstand, um Galba zur Kaiserwürde zu verhelfen, von Verginius Rufus, s. d., besiegt (6.10.4; 9.19.1)
Vitellius Honoratus, als Zeuge geladener Komplize des Marius Priscus, s. d. (2.11.8)
Vulcanalia, (am 23. August gefeiertes) Fest zu Ehren des Feuergottes Vulcan (3.5.8)

Zosimus, Freigelassener des Plinius (5.19.2)

Konkordanz

Oxford-Ausgabe	Aschendorff	Oxford-Ausgabe	Aschendorff
1.1	34	4.13	31
1.6	35	4.14	38
1.8	36	4.17	105
1.9	2	4.19	9
1.10	99	4.23	106
1.12	100	4.25	64
1.13	52	5.1	58
1.14	20	5.5	112
1.15	17	5.8	39
2.1	101	5.9	59
2.4	29	5.16	113
2.6	18	5.19	16
2.9	21	6.4	10
2.11	54	6.7	11
2.12	55	6.10	102
2.14	56	6.16	116
2.17	7	6.17	53
2.20	109	6.19	65
3.1	104	6.20	117
3.3	22	6.23	23
3.5	50	6.26	114
3.6	30	6.29	60
3.11	107	6.31	61
3.12	19	6.32	32
3.14	14	7.3	4
3.16	108	7.4	40
3.18	37	7.5	12
3.20	63	7.9	41
3.21	45	7.17	51
4.2	110	7.19	115
4.6	6	7.20	46
4.7	111	7.26	5
4.8	62	7.27	118
4.10	57	7.28	24

Oxford-Ausgabe	Aschendorff	Oxford-Ausgabe	Aschendorff
7.33	47	10.33	83
8.10	13	10.34	84
8.14	66	10.37	85
8.16	15	10.38	86
8.20	119	10.56	87
8.21	42	10.57	88
8.22	25	10.68	89
8.24	67	10.69	90
9.1	49	10.90	91
9.11	43	10.91	92
9.12	26	10.94	93
9.14	48	10.95	94
9.17	27	10.96	95
9.19	103	10.97	96
9.21	28	10.120	97
9.23	44	10.121	98
9.30	33		
9.33	120		
9.36	1		
9.6	3		
9.7	8		
10.1	68		
10.2	69		
10.5	70		
10.6	71		
10.7	72		
10.8	74		
10.9	75		
10.10	73		
10.13	76		
10.19	77		
10.20	78		
10.23	79		
10.24	80		
10.31	81		
10.32	82		

Literaturauswahl Plinius

1. Bibliographien und Forschungsberichte

Aubrion, E.: La 'Correspondance' de Pline le Jeune: Problèmes et orientations actuelles de la recherche. In: Haase, W. (Hrsg.): Aufstieg und Niedergang der römischen Welt (ANRW) II 33.1. Berlin/New York 1989, S. 304-374

Gerstmann, D.: Bibliographie: Lateinunterricht. Bd. 1. Paderborn 1997, S. 347-358

Hanslik, R.: Plinius der Jüngere. Bericht über das Schrifttum der Jahre 1933-1942. In: Bursians Jahresbericht über die Fortschritte der klassischen Altertumswissenschaft 282 (1943), S. 38-77; Forschungsbericht über Plinius den Jüngeren. In: Anzeiger für die Altertumswissenschaften 8 (1955), Sp. 1-18; Plinius der Jüngere. Forschungsbericht. In: Anzeiger für die Altertumswissenschaften 17 (1964), Sp. 1-16

Müller, M. / Schauer, M.: Bibliographie für den Lateinunterricht. Clavis Didactica Latina. Bamberg 1994, S. 234-236

Schuster, M.: Bericht über die Literatur zu den Schriften des jüngeren Plinius (1915-1926). In: Bursians Jahresbericht über die Fortschritte der klassischen Altertumswissenschaft 221 (1929), S. 1-64; Bericht über die Schriften des jüngeren Plinius (1927-1933). In: Bursians Jahresbericht über die Fortschritte der klassischen Altertumswissenschaft 242 (1934), S. 9-40

2. Ausgaben und zweisprachige Ausgaben

C. Plini Caecili Secundi epistularum libri decem. Recognovit brevique adnotatione critica instruxit R. A. B. Mynors. Oxford (Oxford University Press) 1963

C. Plini Caecili Secundi epistularum libri novem, epistularum ad Traianum liber, Panegyricus. Recensuit M. Schuster. Editionem tertiam curavit R. Hanslik. Leipzig (Teubner) [3]1958

Fifty lettres of Pliny. Selected and edited with introduction and notes by A. N. Sherwin-White, Oxford (Oxford University Press) 1967

C. Plini Caecili Secundi epistularum libri decem. Gaius Plinius Secundus, Briefe. Lateinisch-deutsch. Ed. H. Kasten. München (Heimeran) [4]1979

C. Plinius Secundus Epistulae. Liber I. Briefe. 1. Buch. Lateinisch/Deutsch. Übersetzt und herausgegeben von H. Philips. Stuttgart (Reclam) 1987 (UB 6979) [zit. als Philips1987]

C. Plinius Secundus Epistulae. Liber II. Briefe. 2. Buch. Lateinisch/Deutsch. Übersetzt und herausgegeben von H. Philips. Stuttgart (Reclam) 1988 (UB 6980) [zit. als Philips 1988]

C. Plinius Secundus Epistulae. Liber III. Briefe. 3. Buch. Lateinisch/Deutsch. Übersetzt und herausgegeben von H. Philips. Stuttgart (Reclam) 1989 (UB 6981) [zit. als Philips 1989]

C. Plinius Secundus Epistulae. Liber IV. Briefe. 4. Buch. Lateinisch/Deutsch. Übersetzt und herausgegeben von H. Philips. Stuttgart (Reclam) 1990 (UB 6982) [zit. als Philips 1990 a]

C. Plinius Secundus Epistulae. Liber V. Briefe. 5. Buch. Lateinisch/Deutsch. Übersetzt und herausgegeben von H. Philips. Stuttgart (Reclam) 1990 (UB 6983) [zit. als Philips 1990 b]

C. Plinius Secundus Epistulae. Liber VI. Briefe. 6. Buch. Lateinisch/Deutsch. Übersetzt und herausgegeben von H. Philips. Stuttgart (Reclam) 1993 (UB 6984) [zit. als Philips 1993]

C. Plinius Secundus Epistulae. Liber VII. Briefe. 7. Buch. Lateinisch/Deutsch. Übersetzt und herausgegeben von H. Philips. Stuttgart (Reclam) 1994 (UB 6985) [zit. als Philips 1994]

C. Plinius Secundus Epistulae. Liber VIII. Briefe. 8. Buch. Lateinisch/Deutsch. Übersetzt und herausgegeben von H. Philips. Stuttgart (Reclam) 1995 (UB 6986) [zit. als Philips 1995]

C. Plinius Secundus Epistulae. Liber IX. Briefe. 9. Buch. Lateinisch/Deutsch. Übersetzt und herausgegeben von H. Philips. Stuttgart (Reclam) 1996 (UB 6987)

C. Plinius Secundus, Der Briefwechsel mit Kaiser Trajan. Das 10. Buch der Briefe. Lateinisch/Deutsch. Übersetzt und herausgegeben von M. Giebel. Stuttgart (Reclam) 1985 (UB 6988)

Pline le Jeune, Lettres. Texte établi et traduit par A. M. Guillemin. 4 Bde. Paris (Les Belles Lettres) 1959-1962

Plinio il Giovane, Lettere ai familiari. Introduzione e commento di L. Lenaz, traduzione di L. Rusca. Bd. 1 (libri I-IX). Mailand (Biblioteca Universale Rizzoli) 1994

Plinio il Giovane, Carteggio con Traiano, Panegirico a Traiano. Commento di L. Lenaz, traduzione di L. Rusca e E. Faelli. Bd. 2. Mailand (Biblioteca Universale Rizzoli) 1994

3. Wortindex

Index de Pline le Jeune par X. Jacques / J. van Ooteghem. Brüssel 1965

4. Kommentare und Schulausgaben

Benedicter, K.: Plinius, Briefe mit Begleittexten. Bamberg (Buchner) 1992 (ratio 9)

Bury, E.: Plinius d. J., Epistulae. Tl. 1: Textauswahl mit Wort- und Sacherläuterungen. Tl. 2: Arbeitskommentar mit Zweittexten. Stuttgart/Düsseldorf/Berlin/Leipzig (Klett) 1994

Eller, K. H.: Humanitas in einer Welt des Friedens. Der Mensch der Kaiserzeit nach den Briefessays Plinius des Jüngeren. Frankfurt/M. (Diesterweg) 1977 (Modelle für den altsprachlichen Unterricht)

Förtsch, R.: Archäologischer Kommentar zu den Villenbriefen des jüngeren Plinius. Mainz 1993 (Beiträge zur Erschließung hellenistischer und kaiserzeitlicher Skulptur und Architektur 13)

Karl, K. / Lühr, J.: Plinius, Epistulae. Bd. 1: Textband. Bd. 2: Kommentar. Bd. 3: Lehrerheft. Bamberg (BVB) 1992; 1994

Kempkes, W.: Plinius, Epistulae. Velbert (Bastians) 1987 (gradatim)

Königer, H.: Plinius der Jüngere. Ausgewählte Briefe. Bd. 1: Text und Erläuterungen. Bd.: 2 Lehrerheft. Berlin (Cornelsen) ^{4}1995; ^{3}1995

Philips, H.: Plinius, Briefe. Leben und Kultur der frühen römischen Kaiserzeit.Text und Erläuterungen. Paderborn (Schöningh) 1986

Philips, H.: Plinius der Jüngere, Briefe. Mit einer Einführung, textkritischem Apparat und Kommentar herausgegeben von H. Philips. Paderborn/Wien/München/Zürich (Schöningh) 1986 (UTB 1399) [zit. als Philips, UTB]

Römer, F.: Plinius. Tl. 1: Textband. Tl. 2: Kommentar. Tl. 3: Lehrerbegleitband. Wien (Hölder-Pichler-Tempsky) 1991 (Orbis Latinus 14)

Scheda, G.: Plinius der Jüngere, Briefe. Bd. 1: Text. Bd. 2: Kommentar. Münster (Aschendorff) ^{16}1992; ^{14}1994

Sherwin-White, A. N.: The Letters of Pliny. A Historical and Social Commentary. Oxford (Oxford University Press) 1966

5. Wissenschaftliche und didaktisch-methodische Literatur

v. Albrecht, M.: Geschichte der römischen Literatur. Bd. 2. München 1994 (Plinius: S. 909-917)

v. Albrecht, M.: Meister römischer Prosa. Tübingen und Basel [3]1995 (Plinius: S. 190-196, zu 1.6)

Alföldy, G.: Die römische Gesellschaft – Struktur und Eigenart. In: Gymnasium 83, 1976, S. 1-25

Babel, H.: Der Briefwechsel zwischen Plinius und Trajan über die Christen in strafrechtlicher Sicht. Diss. Erlangen 1961

Binder, G. / Wülfing, P. u. a. (Hrsg.): Vom Vesuvausbruch des Jahres 79 n. Chr. Bericht des jüngeren Plinius in zwei Briefen über den Tod seines Onkels, Plinius des Älteren. Frankfurt/M. 1979 (Modelle für den altsprachlichen Unterricht Latein); dazu: Didaktische Überlegungen ... Frankfurt/M. 1980

Bütler, H.-P.: Die geistige Welt des jüngeren Plinius. Studien zur Thematik seiner Briefe. Heidelberg 1970

Bury, E.: Humanitas als Lebensaufgabe. Prologomena zu einer Neukonzeption der Lektüre der Plinius-Briefe. In: AU XXXII, H. 1, 1989, S. 42-64 (zu 3.5; 4.19; 7.5)

Butz, H. R.: Gaius Plinius Caecilius Secundus: Weissagungen, Träume, Erscheinungen. In: Nickel, R. (Hrsg.): Aditus. Neue Wege zum Latein. Lese- und Arbeitsbuch für die ersten Lektürejahre. Teil I: Texte. S. 34-44; Teil III: Lehrerhandbuch S. 83-94. Freiburg/Würzburg 1975 (zu 7.27)

Eller, K. H.: Aufgabenstellung für Klausur und Hausarbeit. In: Höhn, W. / Zink, N.: Handbuch für den Lateinunterricht. Sekundarstufe II. Frankfurt/M./Berlin/München 1979, S. 334-342 (zu 9.33; 6.16; 6.20)

Erb, J.: Zur Pliniuslektüre in der 11. Klasse. Vorbereitung der Kollegstufe. In: Anregung 18, 1972, S. 78-84 (zu 10.96 f.)

Erdt, W.: Antike zum Anfassen. Ein Erfahrungsbericht aus der Werkstatt Latein. In: AU XXXVII, H. 1, 1994, S. 90 (zu 1.6)

Erdt, W.: Die Gradatim-Methode oder: Lektüreschock, was ist das? In: AU XXXVIII, H. 1, 1995, S. 62-70 (zu 1.6)

Fink, G.: Gewissen und Staatsraison. Die Christen im Konflikt mit dem römischen Staat. Freiburg/Würzburg [2]1980, S. 42-49 (zu 10.96 f.)

Flemmig, G.: Paulus Diaconus: Loblied auf den Comer See. Eine Begleitlektüre zu den Briefen des Plinius im Lateinunterricht der Jahrgangsstufe 11. In: Anregung 41, 1995, S. 314-321

Gamberini, F.: Stilistic Theory and Practice in the Younger Pliny. Hildesheim/Zürich/New York 1983

Gessenharter, G.: Ein römischer Ehemann über seine junge Frau (Plinius sec., ep. IV 19). In: AU XLL, H. 2, 1999, S. 28-32

Gnilka, Ch.: Trauer und Trost in Plinius' Briefen. In: Symbolae Osloenses 49, 1973, S. 105-125

Hanslik, R.: C. Plinius Caecilius Secundus. In: Ziegler, K. / Sontheimer, W. (Hrsg.): Der kleine Pauly. Bd. 4. München 1979, Sp. 937 f.

Heilmann, W.: Interpretation im Rahmen eines lateinischen Literaturunterrichts. In: AU XXXVI, H. 4/5, 1993, S. 5-22 (zu 3.14)

Herkendell, H. E.: Überlegungen zu Textverstehen und Übersetzen. In: AU XXXVIII, H. 1, 1995, S. 19-32 (S. 29 f. zu 3.14)

Instinsky, H. U.: Formalien im Briefwechsel des Plinius mit Kaiser Trajan. Wiesbaden 1969

Jörder, D. / Meyer, D.: Gaius Plinius Caecilius Secundus. Katastrophen. In: Nickel, R. (Hrsg.): Aditus. Neue Wege zum Latein. Lese- und Arbeitsbuch für die ersten Lektürejahre. Teil III: Lehrerhandbuch. Freiburg/Würzburg 1975, S. 181-209 (zu 6.16 und 6.20)

Kahrstedt, U.: Kulturgeschichte der römischen Kaiserzeit. Bern ^{2}1958

Lausberg, M.: Cicero – Seneca – Plinius. Zur Geschichte des römischen Prosabriefes. In: Anregung 37, 1991, S. 82-100 (zu 1.5; 1.11; 3.20; 5.8; 5.19; 9.36; 5.19; 7.33; 8.24; 9.2; 9.6; 9.36)

Lefèvre, E.: Plinius-Studien I. Römische Baugesinnung und Landschaftsauffassung in den Villenbriefen (2,17; 5,6). In: Gymnasium 84, 1977, S. 519-541

Lefèvre, E.: Plinius-Studien II. Diana und Minerva. Die beiden Jagd-Billette an Tacitus (1,6; 9,10). In: Gymnasium 85, 1978, S. 37-47

Lefèvre, E.: Plinius-Studien III. Die Villa als geistiger Lebensraum (1.3; 1,24; 2,8; 6,31; 9.36). In: Gymnasium 94, 1987, 247-262

Lefèvre, E.: Plinius-Studien IV. Die Naturauffassung in den Beschreibungen der Quelle am Lacus Larius (4,30), des Clitumnus (8,8) und des Lacus Vadimo (8.20). In: Gymnasium 95, 1988, S. 236-269

Lefèvre, E.: Plinius-Studien V. Vom Römertum zum Ästhetizismus. Die Würdigung des älteren Plinius (3,5), Silius Italicus (3,7) und Martial (3,21). In: Gymnasium 96, 1989, S. 113-128

Lefèvre, E.: Plinius-Studien VI. Der große und der kleine Plinius. Die Vesuv- Briefe (6,16; 6,20). In: Gymnasium 103, 1996, S. 193-215

Lefèvre, E.: Plinius-Studien VII. Cicero das unerreichbare Vorbild. In: Gymnasium 103, 1996, S. 333-353 (zu 1.2; 3.15; 4.8; 7.4; 9.2)

Ludolph, M.: Epistolographie und Selbstdarstellung. Untersuchungen zu den Paradebriefen Plinius des Jüngeren. Tübingen 1997 (1.1-8; 9.3; 9.19)

Lühr, F.-F.: Res inauditae, incredulae. Aspekte lateinischer Unterhaltungsliteratur bei Petronius, Plinius dem Jüngeren und Gellius. In: AU XIX, H. 1, 1976, S. 5-19 (zu 9.33)

Menge, H: Lateinische Synonymik. Heidelberg ^{5}1959

Merwald, G.: Die Buchkomposition des Jüngeren Plinius. Diss. Erlangen/Nürnberg 1964

Muth, R.: Plinius d. J. und Kaiser Trajan über die Christen. Interpretationen zu Plinius, Epistulae X 96, 97. In: Dialog – Schule und Wissenschaft 16, 1982, S. 96-128

Nickel, R.: Latein in der Mittelstufe. Vorschläge für den Sprach- und Lektüreunterricht. Bamberg 1990 (Auxilia 23), S. 10 f. (zu 7.9)

Offermann, H.: Bemerkungen zu den Sklavenbriefen des Plinius. In: Die Alten Sprachen im Unterricht (DASIU) 27, H. 1, 1980, S. 37-44 (zu 2.6; 3.14; 5.19; 8.16)

Offermann, H.: Offenheit oder Maskierung: Plinius. In: Anregung 39, 1993, S. 83-92; 162-171 (zu 1.1; 1.8; 2.6; 3.5; 3.14; 3.21; 6.16; 6.20; 7.27; 7.33; 9.6; 9.17)

Peter, H.: Der Brief in der Römischen Literatur. Leipzig 1901 (Nachdr. Hildesheim 1965)

Pflips, H.: Ciceronachahmung und Ciceroferne des jüngeren Plinius. Ein Kommentar zu den Briefen des Plinius über Repetundenprozesse (epist. 2,11; 2,12; 3,9; 4,9; 5,20; 6,13; 7,6). Diss. Münster 1973

Philips, H.: Ein lesenswerter Brief. Interpretation von Plinius, Epist. VII 26. In: Anregung 30, 1984, S. 184-190

Philips, H.: Zeitkritik bei Plinius dem Jüngeren. Interpretation von epist. 2,6. In: Anregung 22, 1976, S. 363-370

Prutscher, U.: Der Brief als Medium der persönlichen Mitteilung. Eine lernzielorientierte Auswahl aus Cicero und Plinius. In: AU XIX, H. 2, 1976, S. 5-34 (zu 9.36; 1.6; 1.9; 1.24; 4.13; 2.8; 5.19; 6.4; 7.5; 1,11; 7,13; 6,16; 6.20; 10, 96 f.)

Rieks, R.: Die Humanität des jüngeren Plinius. In: Homo, humanus, humanitas. Zur Humanität in der lateinischen Literatur des ersten nachchristlichen Jahrhunderts. München 1967, S. 225-253

Römisch, E.: Der Mensch in einer Katastrophensituation. Plin. ep. VI 20. In: Krefeld, H. (Hrsg.): Impulse für die lateinische Lektüre. Von Terenz bis Thomas Morus H. Krefeld), Frankfurt/M. 1979, S. 124-137

Sauer, R.: Der Ausbruch des Vesuvs. Zur Lektüre und Interpretation von Plinius ep. VI 16. In: Anregung 29, 1983, S. 167-170

Schanz, M. / Hosius, C.: Geschichte der römischen Literatur. Teil 2: Die römische Literatur in der Zeit der Monarchie bis auf Hadrian. München [4]1959, S. 656-673

Schmidt, P. L.: Epistolographie. In: Ziegler, K. / Sontheimer, W. (Hrsg.): Der Kleine Pauly. Bd. 2. München 1979, Sp. 324-327

Schönberger, O.: Die Vesuv-Briefe des jüngeren Plinius (VI 16 und 20). In: Gymnasium 97, 1990, S. 526-548

Schuster, M.: C. Plinius Caecilius Secundus, der 'jüngere Plinius'. In: Pauly-Wissowa, Realencylopädie der klassischen Altertumswissenschaft (RE) 21,1 Stuttgart 1951, Sp. 439-456

Suerbaum, W.: Aktualisierte Plinius-Briefe. In: Glücklich, H.-J. (Hrsg.): Lateinische Literatur, heute wirkend. Bd. II. Göttingen 1987, S. 74-116 (zu 1.9; 9.13; 6.16; 6.20; 10.96 f.)

Thraede, K.: Grundzüge griechisch-römischer Brieftopik. München 1970 (Plinius: S. 74-77)

Vidman, L.: Etude sur la correspondance de Pline le Jeune avec Trajan. Prag 1960

Weber, W.: ... Nec nostri saeculi est. Bemerkungen zum Briefwechsel des Plinius und Trajan über die Christen. In: Klein, R. (Hrsg.): Das frühe Christentum im römischen Staat. Darmstadt 1971 (Wege der Forschung 267), S. 1-32 (zu 10.96 f.)

Weeber, K.-W.: Alltag im Alten Rom. Zürich 1995

Weische, A.: Plinius d. J. und Cicero. Untersuchungen zur römischen Epistolographie in Republik und Kaiserzeit. In: Haase, W. (Hrsg.): Aufstieg und Niedergang der römischen Welt (ANRW) II 33.1. Berlin/New York 1989, S. 375-386

Wilsing, N.: Die Praxis des Lateinunterrichts. Bd. 2. Stuttgart ²1964 (Plinius: S. 99-102; bes. zu 3.16 und 9.6)

Wlosok, A.: Rom und die Christen. Zur Auseinandersetzung zwischen Christentum und römischem Staat. (Beiheft zu AU XIII) Stuttgart 1970 (zu 10.96 f.)

Wülfing, P.: Die Briefsammlung Plinius' des Jüngeren. In: Höhn, W. / Zink, N. (Hrsg.): Handbuch für den Lateinunterricht. Sekundarstufe I. Frankfurt 1987, S. 308 f. (zu 6.16; 6.20)

Zelzer, K.: Zur Frage des Charakters der Briefsammlung des jüngeren Plinius. In: Wiener Studien 77 (1964), S. 144-161